Entzündungsfrei genießen

Die Heilkraft der ausgewogenen Ernährung

Mia Keller

Inhaltsverzeichnis

Zutaten für Fleischbällchen-Taco-Bowls: 15

Richtungen: 16

Avocado-Pesto-Zoodles mit Lachs, Portionen: 4 18

Zutaten: 18

Richtungen: 18

Mit Kurkuma gewürzte Süßkartoffeln, Äpfel und Zwiebeln mit Hühnchen
.... 20

Zutaten: 20

Gebratenes Lachssteak mit Kräutern, Portionen: 4 22

Zutaten: 22

Richtungen: 22

Tofu und italienisch gewürztes Sommergemüse, Portionen: 4 24

Zutaten: 24

Richtungen: 24

Zutaten für den Erdbeer-Ziegenkäse-Salat: 26

Richtungen: 26

Kurkuma-Blumenkohl-Kabeljau-Eintopf Portionen: 4 28

Zutaten: 28

Richtungen: 29

Portionen Walnüsse und Spargelgenuss: 4 30

Zutaten: 30

Richtungen: 30

Zutaten für Alfredo-Zucchini-Nudeln: 31

Richtungen: 31

Zutaten für Quinoa-Putenhuhn:	33
Richtungen:	34
Portionen Knoblauch- und Kürbisnudeln: 4	36
Zutaten:	36
Richtungen:	37
Gedämpfte Forelle mit Salsa aus roten Bohnen und Chili. Portionen: 1	38
Zutaten:	38
Richtungen:	39
Portionen Süßkartoffel-Putensuppe: 4	40
Zutaten:	40
Richtungen:	41
Portionen gegrillter Miso-Lachs: 2	42
Zutaten:	42
Richtungen:	42
Einfach sautierte Filetflocken, Portionen: 6	44
Zutaten:	44
Richtungen:	44
Carnitas-Portionen vom Schwein: 10	45
Zutaten:	45
Richtungen:	46
Weißfischsuppe mit Gemüse	47
Portionen: 6 bis 8	47
Zutaten:	47
Richtungen:	47
Zitronenmuscheln Portionen: 4	49
Zutaten:	49
Richtungen:	49

Portionen Limetten-Chili-Lachs: 2 50

Zutaten: 50

Richtungen: 50

Käse-Thunfisch-Pasta-Portionen: 3-4 51

Zutaten: 51

Richtungen: 51

Fischstreifen mit Kokosnusskruste, Portionen: 4 53

Zutaten: 53

Richtungen: 54

Mexikanische Fischportionen: 2 55

Zutaten: 55

Richtungen: 55

Forelle mit Gurkensalsa Portionen: 4 57

Zutaten: 57

Zitronen-Zoodles mit Garnelenportionen: 4 59

Zutaten: 59

Richtungen: 59

Knusprige Garnelenportionen: 4 61

Zutaten: 61

Richtungen: 61

Portionen gegrillter Wolfsbarsch: 2 62

Zutaten: 62

Richtungen: 62

Lachskuchen-Portionen: 4 63

Zutaten: 63

Richtungen: 63

Würzige Kabeljau-Portionen: 4 64

Zutaten: 64

Richtungen: 64

Portionen geräucherter Forellenaufstrich: 2 65

Zutaten: 65

Richtungen: 65

Portionen Thunfisch und Schalotten: 4 67

Zutaten: 67

Richtungen: 67

Portionen Garnelen mit Zitronenpfeffer: 2 68

Zutaten: 68

Richtungen: 68

Heiße Thunfischsteak-Portionen: 6 69

Zutaten: 69

Richtungen: 69

Portionen Cajun-Lachs: 2 71

Zutaten: 71

Richtungen: 71

Quinoa-Lachsschüssel mit Gemüse 72

Portionen: 4 72

Zutaten: 72

Portionen panierter Fisch: 4 74

Zutaten: 74

Richtungen: 74

Einfache Lachsfrikadellen, Portionen: 4 75

Zutaten: 75

Richtungen: 76

Portionen Popcorn-Garnelen: 4 77

Zutaten:	77
Richtungen:	78
Würzig gebackene Fischportionen: 5	79
Zutaten:	79
Richtungen:	79
Paprika-Thunfisch-Portionen: 4	80
Zutaten:	80
Richtungen:	80
Portionen Fischfrikadellen: 2	81
Zutaten:	81
Richtungen:	81
Gebratene Jakobsmuscheln mit Honig, Portionen: 4	82
Zutaten:	82
Richtungen:	82
Kabeljaufilets mit Shiitake-Pilzen Portionen: 4	84
Zutaten:	84
Richtungen:	84
Gegrillter weißer Wolfsbarsch, Portionen: 2	86
Zutaten:	86
Richtungen:	86
Gebackene Tomaten-Seehecht-Portionen: 4-5	87
Zutaten:	87
Richtungen:	87
Gebratener Schellfisch mit Rüben, Portionen: 4	89
Zutaten:	89
Herzhafte Thunfischschmelze Portionen: 4	91
Zutaten:	91

Richtungen: 91

Zitronenlachs mit Kaffernlimette Portionen: 8 93

Zutaten: 93

Richtungen: 93

Zarter Lachs in Senfsauce, Portionen: 2 95

Zutaten: 95

Richtungen: 95

Krabbensalat-Portionen: 4 97

Zutaten: 97

Richtungen: 97

Gebackener Lachs mit Misosauce, Portionen: 4 98

Zutaten: 98

Richtungen: 98

Mit Kräutern überzogener gebackener Kabeljau mit Honig Portionen: 2 100

Zutaten: 100

Richtungen: 100

Parmesan-Kabeljau-Mix-Portionen: 4 102

Zutaten: 102

Richtungen: 102

Knusprige Knoblauchgarnelen-Portionen: 4 103

Zutaten: 103

Richtungen: 103

Cremige Wolfsbarsch-Mischung, Portionen: 4 104

Zutaten: 104

Richtungen: 104

Gurken-Ahi-Poke-Portionen: 4 105

Zutaten:	105
Minzige Kabeljau-Mischung, Portionen: 4	107
Zutaten:	107
Richtungen:	107
Zitronen- und cremiger Tilapia-Portionen: 4	109
Zutaten:	109
Richtungen:	109
Fisch-Tacos-Portionen: 4	111
Zutaten:	111
Richtungen:	112
Ingwer-Seebarsch-Mix-Portionen: 4	113
Zutaten:	113
Richtungen:	113
Portionen Kokosgarnelen: 4	114
Zutaten:	114
Schweinefleisch mit Muskatkürbis, Portionen: 4	116
Zutaten:	116
Richtungen:	116
Gewürzter Brokkoli, Blumenkohl und Tofu mit roten Zwiebeln	118
Zutaten:	118
Richtungen:	119
Portionen Bohnen-Lachs-Pfanne: 4	120
Zutaten:	120
Richtungen:	121
Portionen Karottensuppe: 4	122
Zutaten:	122
Richtungen:	123

Portionen gesunder Nudelsalat: 6 125

Zutaten:.. 125

Richtungen: 125

Kichererbsen-Curry-Portionen: 4 bis 6... 127

Zutaten:.. 127

Richtungen: 128

Zutaten für Hackfleisch-Stroganoff:.. 129

Richtungen: 129

Saure Short Ribs Portionen: 4 131

Zutaten:.. 131

Richtungen: 132

Portionen Hühnchen- und glutenfreie Nudelsuppe: 4 133

Zutaten:.. 133

Linsen-Curry-Portionen: 4 135

Zutaten:.. 135

Richtungen: 136

Gebratenes Hühnchen und Erbsen, Portionen: 4 137

Zutaten:.. 137

Richtungen: 138

Saftiger Broccolini mit Sardellenmandeln, Portionen: 6........................ 139

Zutaten:.. 139

Richtungen: 139

Portionen Shiitake-Spinat-Pastetchen: 8 141

Zutaten:.. 141

Richtungen: 141

Brokkoli-Blumenkohl-Salat Portionen: 6... 143

Zutaten:.. 143

Richtungen: 144

Hühnersalat mit chinesischer Note Portionen: 3 145

Zutaten: 145

Richtungen: 146

Mit Amaranth und Quinoa gefüllte Paprikaschoten. Portionen: 4 147

Zutaten: 147

Knuspriges Fischfilet mit Käsekruste, Portionen: 4 150

Zutaten: 150

Richtungen: 150

Protein-Power-Bohnen und grüne gefüllte Muscheln 152

Zutaten: 152

Zutaten für asiatischen Nudelsalat: 155

Richtungen: 155

Portionen Lachs und grüne Bohnen: 4 157

Zutaten: 157

Richtungen: 157

Zutaten für mit Käse gefülltes Hähnchen: 159

Richtungen: 160

Rucola mit Gorgonzola-Dressing Portionen: 4 161

Zutaten: 161

Richtungen: 161

Portionen Kohlsuppe: 6 163

Zutaten: 163

Blumenkohlreis-Portionen: 4 164

Zutaten: 164

Richtungen: 164

Portionen Feta-Frittata und Spinat: 4 165

Zutaten: 165

Richtungen: 165

Zutaten für die feurigen Chicken Pot-Sticker: 167

Richtungen: 168

Knoblauchgarnelen mit gemahlenem Blumenkohl Portionen: 2 169

Zutaten: 169

Richtungen: 170

Brokkoli-Thunfisch-Portionen: 1 171

Zutaten: 171

Richtungen: 171

Butternusskürbissuppe mit Garnelenportionen: 4 173

Zutaten: 173

Richtungen: 174

Leckere gebackene Putenbällchen, Portionen: 6 175

Zutaten: 175

Richtungen: 175

Portionen klare Muschelsuppe: 4 177

Zutaten: 177

Richtungen: 178

Portionen Reis- und Hühnchentopf: 4 179

Zutaten: 179

Richtungen: 180

Sautierte Shrimps Jambalaya Jumble Portionen: 4 182

Zutaten: 182

Hähnchen-Chili-Portionen: 6 184

Zutaten: 184

Richtungen: 185

Portionen Knoblauch-Linsen-Suppe: 4 186

Zutaten: 186

Pikante Zucchini und Hühnchen in klassischer Santa-Fe-Pfanne 188

Zutaten: 188

Richtungen: 189

Tilapia-Tacos mit fantastischem Ingwer-Sesam-Krautsalat 190

Zutaten: 190

Richtungen: 191

Curry-Linsen-Eintopf Portionen: 4 192

Zutaten: 192

Richtungen: 192

Grünkohl-Caesar-Salat mit gegrilltem Hähnchen-Wrap, Portionen: 2 194

Zutaten: 194

Richtungen: 195

Portionen Spinat-Bohnen-Salat: 1 196

Zutaten: 196

Richtungen: 196

Lachs in der Kruste mit Walnüssen und Rosmarin, Portionen: 6 197

Zutaten: 197

Richtungen: 198

Gebackene Süßkartoffel mit roter Tahini-Sauce, Portionen: 4 199

Zutaten: 199

Richtungen: 200

Italienische Sommerkürbissuppe, Portionen: 4 201

Zutaten: 201

Richtungen: 202

Portionen Safran-Lachs-Suppe: 4 203

Zutaten: 203

Scharf-saure Garnelen- und Pilzsuppe mit Thai-Geschmack 205

Zutaten: 205

Richtungen: 206

Zutaten für Orzo mit getrockneten Tomaten: 207

Richtungen: 207

Portionen Pilz- und Rübensuppe: 4 210

Zutaten: 210

Richtungen: 210

Zutaten für Hähnchen-Parmesan-Fleischbällchen: 212

Richtungen: 212

Zutaten für Fleischbällchen Alla Parmigiana: 214

Richtungen: 215

Putenbrust vom Blech mit goldenem Gemüse 216

Zutaten: 216

Richtungen: 216

Grünes Kokos-Curry mit gekochtem Reis, Portionen: 8 218

Zutaten: 218

Richtungen: 218

Süßkartoffel-Hühnersuppe mit Linsenportionen: 6 220

Zutaten: 220

Richtungen: 221

Zutaten für Fleischbällchen-Taco-Bowls:

Fleischklößchen:

1 Pfund mageres Rinderhackfleisch (ersatzweise Hackfleisch wie Schweinefleisch, Truthahn oder Huhn)

1 Ei

1/4 Tasse fein geschnittener Grünkohl oder knackige Kräuter wie Petersilie oder Koriander (nach Belieben)

1 TL Salz

1/2 TL schwarzer Pfeffer

Taco-Schalen

2 Tassen Enchilada-Sauce (wir verwenden maßgeschneiderte Sauce) 16 Fleischbällchen (Zubereitungen zuvor notiert)

2 Tassen gekochter Reis, weiß oder dunkel gefärbt

1 Avocado, geschnitten

1 Tasse lokal erworbene Salsa oder Pico de Gallo 1 Tasse geriebener Käse

1 Jalapeno, fein geschnitten (nach Belieben)

1 EL Koriander, gespalten

1 Limette, in Spalten geschnitten

Tortillachips zum Servieren

Richtungen:

1. Zum Zubereiten/Einfrieren

2. In einer großen Schüssel Hackfleisch, Eier, Grünkohl (falls verwendet), Salz und Pfeffer vermengen. Mit den Händen vermischen, bis es gleichmäßig verfestigt ist.

Formen Sie daraus 16 Fleischbällchen mit einem Durchmesser von etwa 2,5 cm und legen Sie diese auf eine mit Folie fixierte Blechform.

3. Wenn die Verwendung innerhalb weniger Tage erfolgt, lagern Sie es mindestens zwei Tage lang im Kühlschrank.

4. Falls es zu Gefrieren kommt, stellen Sie den Blechbehälter in den Kühlschrank, bis die Fleischbällchen fest sind. Legen Sie es in einen Kühlbeutel. Im Kühlschrank bleiben die Fleischbällchen 3 bis 4 Monate haltbar.

5. Kochen

6. In einem mittelgroßen Topf die Enchilada-Sauce auf niedriger Stufe köcheln lassen. Fügen Sie Fleischbällchen hinzu (es gibt keinen zwingenden Grund, es zuerst aufzutauen, wenn es Fleischbällchen wären).

erstarrt). Fleischbällchen dünsten, bis sie gar sind, 12 Minuten, wenn sie knusprig sind, und 20 Minuten, wenn sie fest sind.

7. Während die Fleischbällchen schmoren, bereiten Sie verschiedene Beilagen zu.

8. Stellen Sie Taco-Schalen zusammen, indem Sie Reis mit Fleischbällchen und Soße, geschnittener Avocado, Salsa, Cheddar, Jalapeño-Stücken und Koriander garnieren. Mit Limettenspalten und Tortillachips servieren.

Avocado-Pesto-Zoodles mit Lachs, Portionen: 4

Kochzeit: 25 Minuten

Zutaten:

1 Esslöffel Pesto

1 Zitrone

2 gefrorene/frische Lachssteaks

1 große Zucchini, spiralisiert

1 Esslöffel schwarzer Pfeffer

1 Avocado

1/4 Tasse Parmesan, gerieben

Italienisches Gewürz

Richtungen:

1. Heizen Sie den Ofen auf 375 F vor. Würzen Sie den Lachs mit italienischem Gewürz, Salz und Pfeffer und backen Sie ihn 20 Minuten lang.

2. Avocados zusammen mit einem Esslöffel Pfeffer, Zitronensaft und einem Esslöffel Pesto in die Schüssel geben. Die Avocados zerdrücken und beiseite stellen.

3. Zucchininudeln auf eine Servierplatte geben, gefolgt von Avocadomischung und Lachs.

4. Mit Käse bestreuen. Bei Bedarf noch mehr Pesto hinzufügen. Genießen!

<u>Nährwertangaben:</u>128 Kalorien, 9,9 g Fett, 9 g Gesamtkohlenhydrate, 4 g Protein

Mit Kurkuma gewürzte Süßkartoffeln, Äpfel und Zwiebeln mit Hühnchen

Portionen: 4

Kochzeit: 45 Minuten

Zutaten:

2 Esslöffel ungesalzene Butter, zimmerwarm 2 mittelgroße Süßkartoffeln

1 großer Granny-Smith-Apfel

1 mittelgroße Zwiebel, in dünne Scheiben geschnitten

4 Hähnchenbrustfilets mit Knochen und Haut

1 Teelöffel Salz

1 Teelöffel Kurkuma

1 Teelöffel getrockneter Salbei

¼ Teelöffel frisch gemahlener schwarzer Pfeffer

1 Tasse Apfelwein, Weißwein oder Hühnerbrühe<u>Richtungen:</u>

1. Heizen Sie den Ofen auf 400 °F vor. Fetten Sie das Backblech mit der Butter ein.

2. Ordnen Sie die Süßkartoffeln, den Apfel und die Zwiebeln in einer einzigen Schicht auf dem Backblech an.

3. Legen Sie das Hähnchen mit der Haut nach oben hinein und würzen Sie es mit Salz, Kurkuma, Salbei und Pfeffer. Den Apfelwein hinzufügen.

4. Innerhalb von 35 bis 40 Minuten rösten. Herausnehmen, 5 Minuten ruhen lassen und servieren.

Nährwertangaben:Kalorien 386 Gesamtfett: 12 g Gesamtkohlenhydrate: 26 g Zucker: 10 g Ballaststoffe: 4 g Protein: 44 g Natrium: 932 mg

Gebratenes Lachssteak mit Kräutern, Portionen: 4

Kochzeit: 5 Minuten

Zutaten:

1 Pfund Lachssteak, abgespült 1/8 TL Cayennepfeffer 1 TL Chilipulver

½ TL Kreuzkümmel

2 Knoblauchzehen, gehackt

1 Esslöffel Olivenöl

¾ TL Salz

1 TL frisch gemahlener schwarzer Pfeffer

Richtungen:

1. Heizen Sie den Ofen auf 350 Grad F vor.

2. In einer Schüssel Cayennepfeffer, Chilipulver, Kreuzkümmel, Salz und schwarzen Pfeffer vermischen. Beiseite legen.

3. Olivenöl auf das Lachssteak träufeln. Auf beiden Seiten reiben. Knoblauch und die vorbereitete Gewürzmischung einreiben. 10 Minuten ruhen lassen.

4. Nachdem sich die Aromen vermischt haben, bereiten Sie eine ofenfeste Pfanne vor.

Das Olivenöl erhitzen. Sobald der Lachs heiß ist, 4 Minuten auf beiden Seiten würzen.

5. Die Bratpfanne in den Ofen stellen. 10 Minuten backen. Aufschlag.

Nährwertangaben:Kalorien 210 Kohlenhydrate: 0 g Fett: 14 g Protein: 19 g

Tofu und italienisch gewürztes Sommergemüse, Portionen: 4

Kochzeit: 20 Minuten

Zutaten:

2 große Zucchini, in ¼-Zoll-Scheiben geschnitten

2 große Sommerkürbisse, in ¼ Zoll dicke Scheiben geschnitten 1 Pfund fester Tofu, in 1 Zoll große Würfel geschnitten

1 Tasse Gemüsebrühe oder Wasser

3 Esslöffel natives Olivenöl extra

2 Knoblauchzehen, in Scheiben geschnitten

1 Teelöffel Salz

1 Teelöffel italienische Kräutergewürzmischung

¼ Teelöffel frisch gemahlener schwarzer Pfeffer

1 Esslöffel dünn geschnittenes frisches Basilikum

Richtungen:

1. Heizen Sie den Ofen auf 400 °F vor.

2. Zucchini, Kürbis, Tofu, Brühe, Öl, Knoblauch, Salz, italienische Kräutergewürzmischung und Pfeffer auf einem großen Backblech mit Rand vermischen und gut vermischen.

3. Innerhalb von 20 Minuten rösten.

4. Mit Basilikum bestreuen und servieren.

Nährwertangaben:Kalorien: 213 Gesamtfett: 16 g Gesamtkohlenhydrate: 9 g Zucker: 4 g Ballaststoffe: 3 g Protein: 13 g Natrium: 806 mg

Zutaten für den Erdbeer-Ziegenkäse-Salat:

1 Pfund knackige Erdbeeren, gewürfelt

Nach Belieben: 1 bis 2 Teelöffel Nektar oder Ahornsirup, nach Geschmack 2 Unzen zerkleinerter Ziegen-Cheddar (ca. ½ Tasse) ¼ Tasse gespaltenes, knuspriges Basilikum, zusätzlich zu ein paar kleinen Basilikumblättern zum Verzieren

1 Esslöffel natives Olivenöl extra

1 Esslöffel dicker Balsamico-Essig*

½ Teelöffel Maldon-Meersalzflocken oder ungenügend ¼

Teelöffel feines Meersalz

Knusprig gemahlener dunkler Pfeffer

Richtungen:

1. Die gewürfelten Erdbeeren auf einer mittelgroßen Servierplatte oder einer flachen Schüssel verteilen. Wenn die Erdbeeren nicht so süß sind, wie Sie es möchten, geben Sie etwas Nektar oder Ahornsirup darüber.

2. Streuen Sie den zerkleinerten Ziegen-Cheddar über die Erdbeeren, gefolgt von gehacktem Basilikum. Olivenöl und Balsamico-Essig darübergießen.

3. Den Teller mit dem gemischten Gemüse mit Salz, ein paar Stücken knusprig gemahlenem dunklem Pfeffer und den zurückbehaltenen Basilikumblättern abrunden. Für einen optimalen Einstieg servieren Sie den Teller mit dem gemischten Grün schnell.

Reste halten sich jedoch im Kühlschrank etwa 3 Tage lang gut.

Kurkuma-Blumenkohl-Kabeljau-Eintopf

Portionen: 4

Kochzeit: 30 Minuten

Zutaten:

½ Pfund Blumenkohlröschen

1 Pfund Kabeljaufilets, ohne Knochen, ohne Haut und gewürfelt, 1 Esslöffel Olivenöl

1 gelbe Zwiebel, gehackt

½ Teelöffel Kreuzkümmelsamen

1 grüne Chili, gehackt

¼ Teelöffel Kurkumapulver

2 Tomaten gehackt

Eine Prise Salz und schwarzer Pfeffer

½ Tasse Hühnerbrühe

1 Esslöffel Koriander, gehackt

Richtungen:

1. Einen Topf mit Öl bei mittlerer Hitze erhitzen, Zwiebel, Chili, Kreuzkümmel und Kurkuma hinzufügen, umrühren und 5 Minuten kochen lassen.

2. Den Blumenkohl, den Fisch und die anderen Zutaten dazugeben, vermengen, zum Köcheln bringen und bei mittlerer Hitze weitere 25 Minuten kochen lassen.

3. Den Eintopf auf Schüsseln verteilen und servieren.

Nährwertangaben:Kalorien 281, Fett 6, Ballaststoffe 4, Kohlenhydrate 8, Protein 12

Portionen Walnüsse und Spargelgenuss: 4

Kochzeit: 5 Minuten

Zutaten:

1 und ½ Esslöffel Olivenöl

¾ Pfund Spargel, geputzt

¼ Tasse Walnüsse, gehackt

Sonnenblumenkerne und Pfeffer nach Geschmack

Richtungen:

1. Stellen Sie eine Pfanne auf mittlere Hitze, fügen Sie Olivenöl hinzu und lassen Sie es erhitzen.

2. Spargel hinzufügen und 5 Minuten anbraten, bis er braun ist.

3. Mit Sonnenblumenkernen und Pfeffer würzen.

4. Hitze entfernen.

5. Walnüsse hinzufügen und vermengen.

Nährwertangaben:Kalorien: 124Fett: 12gKohlenhydrate: 2gProtein: 3g

Zutaten für Alfredo-Zucchini-Nudeln:

2 mittelgroße Zucchini spiralisiert

1-2 TB veganer Parmesan (nach Belieben)

Schnelle Alfredo-Sauce

1/2 Tasse rohe Cashewnüsse, ein paar Stunden lang eingeweicht oder 10 Minuten lang in sprudelndem Wasser

2 EL Zitronensaft

3 TB Nährhefe

2 TL weißes Miso (kann als Ersatz für Tamari, Sojasauce oder Kokosnuss-Aminosäuren verwendet werden)

1 TL Zwiebelpulver

1/2 TL Knoblauchpulver

1/4-1/2 Tasse Wasser

Richtungen:

1. Zucchininudeln spiralisieren.

2. Alle Alfredo-Zutaten in einen Schnellmixer geben (beginnend mit 1/4 Tasse Wasser) und glatt rühren. Falls Ihre Soße zu dick ist, fügen Sie einen

Esslöffel mehr Wasser hinzu, bis Sie die gewünschte Konsistenz erreicht haben.

3. Belegen Sie die Zucchini-Nudeln mit Alfredo-Sauce und, wenn Sie möchten, etwas vegetarisches Gemüse.

Zutaten für Quinoa-Putenhuhn:

1 Tasse Quinoa, gespült

3 1/2 Tassen Wasser, isoliert

1/2 Pfund mageres Putenhackfleisch

1 große süße Zwiebel, geschnitten

1 mittelsüße rote Paprika, zerschnitten

4 Knoblauchzehen, gehackt

1 Esslöffel Bohneneintopfpulver

1 Esslöffel gemahlener Kreuzkümmel

1/2 Teelöffel gemahlener Zimt

2 Gläser (je 15 Unzen) dunkle Bohnen, gespült und entleert 1 Dose (28 Unzen) zerdrückte Tomaten

1 mittelgroße Zucchini, aufgeschnitten

1 Chipotle-Pfeffer in Adobo-Sauce, zerschnitten

1 Esslöffel Adobo-Sauce

1 verengt Blatt

1 Teelöffel getrockneter Oregano

1/2 Teelöffel Salz

1/4 Teelöffel Pfeffer

1 Tasse verfestigter Mais, aufgetaut

1/4 Tasse gehackter, knackiger Koriander

Beliebige Beilagen: Gewürfelte Avocado, zerstörter Monterey-Jack-Cheddar

Richtungen:

1. In einer riesigen Pfanne Quinoa und 2 Tassen Wasser bis zum Kochen erhitzen. Hitze verringern; verteilen und 12-15 Minuten schmoren lassen oder bis das Wasser zurückbleibt. Aus der Wärme vertreiben; Mit einer Gabel auflockern und an einem sicheren Ort aufbewahren.

2. Dann in einer riesigen Pfanne mit Kochwasser bedeckt den Truthahn, die Zwiebel, die rote Paprika und den Knoblauch bei mittlerer Hitze kochen, bis das Fleisch nie wieder rosa und das Gemüse zart ist; Kanal. Bohneneintopfpulver, Kreuzkümmel und Zimt untermischen; 2 Minuten länger kochen.

Bei Bedarf mit Beilagen nach Belieben servieren.

3. Fügen Sie dunkle Bohnen, Tomaten, Zucchini, Chipotle-Pfeffer, Adobo-Sauce, gesundes Blatt, Oregano, Salz, Pfeffer und das restliche Wasser hinzu.

Bis zum Siedepunkt erhitzen. Hitze reduzieren; verteilen und 30 Minuten schmoren lassen

Protokoll. Mais und Quinoa untermischen; Wärme durch. Verengtes Blatt entsorgen; Koriander untermischen. Präsentieren Sie es mit optionalen Befestigungen nach Bedarf.

4. Alternative zum Einfrieren: Gekühlten Eintopf in Kühlfächern einfrieren.

Zur Verwendung mittelfristig im Kühlschrank unvollständig auftauen. In einem Topf erwärmen und ab und zu vermischen; Fügen Sie bei Bedarf Säfte oder Wasser hinzu.

Portionen Knoblauch- und Kürbisnudeln: 4

Kochzeit: 15 Minuten

Zutaten:

Zum Zubereiten von Soße

¼ Tasse Kokosmilch

6 große Datteln

2/3 g geraspelte Kokosnuss

6 Knoblauchzehen

2 EL Ingwerpaste

2 EL rote Currypaste

Zur Zubereitung von Nudeln

1 große Kürbisnudeln kochen

½ Julienne geschnittene Karotten

½ Julienne geschnittene Zucchini

1 kleine rote Paprika

¼ Tasse Cashewnüsse

Richtungen:

1. Für die Soße alle Zutaten vermischen und ein dickes Püree herstellen.

2. Spaghettikürbis der Länge nach aufschneiden und Nudeln zubereiten.

3. Das Backblech leicht mit Olivenöl bestreichen und die Kürbisnudeln 5–6 Minuten bei 40 °C backen.

4. Zum Servieren Nudeln und Püree in eine Schüssel geben. Oder servieren Sie Püree zu den Nudeln.

<u>Nährwertangaben:</u>Kalorien 405 Kohlenhydrate: 107 g Fett: 28 g Protein: 7 g

Gedämpfte Forelle mit Salsa aus roten Bohnen und Chili. Portionen: 1

Kochzeit: 16 Minuten

Zutaten:

4 ½ oz Kirschtomaten, halbiert

1/4 Avocado, ungeschält

6 oz Meerforellenfilet ohne Haut

Korianderblätter zum Servieren

2 Teelöffel Olivenöl

Limettenschnitze zum Servieren

4 ½ oz rote Kidneybohnen aus der Dose, abgespült und abgetropft 1/2 rote Zwiebel, in dünne Scheiben geschnitten

1 Esslöffel eingelegte Jalapenos, abgetropft

1/2 Teelöffel gemahlener Kreuzkümmel

4 sizilianische Oliven/grüne Oliven

Richtungen:

1. Stellen Sie einen Dampfgareinsatz über einen Topf mit kochendem Wasser. Den Fisch in den Korb geben, abdecken und 10–12 Minuten garen.

2. Nehmen Sie den Fisch heraus und lassen Sie ihn einige Minuten ruhen. In der Zwischenzeit etwas Öl in einer Pfanne vorheizen.

3. Eingelegte Jalapenos, rote Kidneybohnen, Oliven, 1/2 Teelöffel Kreuzkümmel und Kirschtomaten hinzufügen. Unter ständigem Rühren etwa 4–5 Minuten kochen lassen.

4. Geben Sie den Bohnenteig auf eine Servierplatte und servieren Sie anschließend die Forelle.

Koriander und Zwiebeln darüber geben.

5. Zusammen mit Limettenspalten und Avocado servieren. Genießen Sie gedämpfte Meerforelle mit roter Bohnen-Chili-Salsa!

<u>Nährwertangaben:</u>243 Kalorien, 33,2 g Fett, 18,8 g Gesamtkohlenhydrate, 44 g Protein

Portionen Süßkartoffel-Putensuppe: 4

Kochzeit: 45 Minuten

Zutaten:

2 Esslöffel Olivenöl

1 gelbe Zwiebel, gehackt

1 grüne Paprika, gehackt

2 Süßkartoffeln, geschält und gewürfelt

1 Pfund Putenbrust, ohne Haut, ohne Knochen und gewürfelt 1 Teelöffel Koriander, gemahlen

Eine Prise Salz und schwarzer Pfeffer

1 Teelöffel süßer Paprika

6 Tassen Hühnerbrühe

Saft von 1 Limette

Eine Handvoll Petersilie, gehackt

Richtungen:

1. Einen Topf mit Öl bei mittlerer Hitze erhitzen, die Zwiebel, die Paprika und die Süßkartoffeln hinzufügen, umrühren und 5 Minuten kochen lassen.

2. Das Fleisch dazugeben und weitere 5 Minuten anbraten.

3. Die restlichen Zutaten hinzufügen, vermischen, zum Köcheln bringen und bei mittlerer Hitze weitere 35 Minuten kochen lassen.

4. Die Suppe in Schüsseln füllen und servieren.

<u>Nährwertangaben:</u>Kalorien 203, Fett 5, Ballaststoffe 4, Kohlenhydrate 7, Protein 8

Portionen gegrillter Miso-Lachs: 2

Kochzeit: 20 Minuten

Zutaten:

2 EL. Ahornsirup

2 Zitronen

¼ Tasse Miso

¼ TL. Pfeffer, gemahlen

2 Limetten

2 ½ Pfund Lachs, mit Haut

Schuss Cayennepfeffer

2 EL. Natives Olivenöl extra

¼ Tasse Miso

Richtungen:

1. Zuerst Limettensaft und Zitronensaft in einer kleinen Schüssel vermischen, bis alles gut vermischt ist.

2. Als nächstes löffeln Sie Miso, Cayennepfeffer, Ahornsirup, Olivenöl und Pfeffer hinein. Gut kombinieren.

3. Anschließend den Lachs mit der Hautseite nach unten auf ein mit Backpapier ausgelegtes Backblech legen.

4. Den Lachs großzügig mit der Miso-Zitronen-Mischung bestreichen.

5. Legen Sie nun die halbierten Zitronen- und Limettenstücke mit der Schnittseite nach oben auf die Seiten.

6. Zum Schluss backen Sie sie 8 bis 12 Minuten lang oder bis der Fisch in Flocken zerfällt.

Nährwertangaben:Kalorien: 230 kcal, Proteine: 28,3 g, Kohlenhydrate: 6,7 g, Fett: 8,7 g

Einfach sautierte Filetflocken, Portionen: 6

Kochzeit: 8 Minuten

Zutaten:

6 Tilapia-Filets

2 EL Olivenöl

1 Stück Zitrone, Saft

Salz und Pfeffer nach Geschmack

¼ Tasse Petersilie oder Koriander, gehackt

Richtungen:

1. Tilapiafilets mit Olivenöl in einer mittelgroßen Pfanne bei mittlerer Hitze anbraten. Mit einer Gabel auf jeder Seite 4 Minuten braten, bis sich der Fisch leicht zerteilen lässt.

2. Mit Salz und Pfeffer abschmecken. Den Zitronensaft auf jedes Filet gießen.

3. Zum Servieren die gekochten Filets mit gehackter Petersilie oder Koriander bestreuen.

Nährwertangaben:Kalorien: 249 Kalorien, Fett: 8,3 g, Protein: 18,6 g, Kohlenhydrate: 25,9

Ballaststoffe: 1 g

Carnitas-Portionen vom Schwein: 10

Kochzeit: 8 Stunden. 10 Minuten

Zutaten:

5 Pfund. Schweineschulter

2 Knoblauchzehen, gehackt

1 TL schwarzer Pfeffer

1/4 TL Zimt

1 TL getrockneter Oregano

1 TL gemahlener Kreuzkümmel

1 Lorbeerblatt

2 Unzen Hühnerbrühe

1 TL Limettensaft

1 EL Chilipulver

1 EL Salz

Richtungen:

1. Schweinefleisch zusammen mit den restlichen Zutaten in einen Slow Cooker geben.

2. Den Deckel aufsetzen und 8 Stunden garen. bei schwacher Hitze.

3. Wenn Sie fertig sind, zerkleinern Sie das gekochte Schweinefleisch mit einer Gabel.

4. Das zerkleinerte Schweinefleisch auf einem Backblech verteilen.

5. 10 Minuten grillen und dann servieren.

Nährwertangaben:Kalorien 547 Fett 39 g, Kohlenhydrate 2,6 g, Ballaststoffe 0 g, Protein 43 g

Weißfischsuppe mit Gemüse

Portionen: 6 bis 8

Kochzeit: 32 bis 35 Minuten

Zutaten:

3 Süßkartoffeln, geschält und in ½-Zoll-Stücke geschnitten 4 Karotten, geschält und in ½-Zoll-Stücke geschnitten 3 Tassen vollfette Kokosmilch

2 Tassen Wasser

1 Teelöffel getrockneter Thymian

½ Teelöffel Meersalz

10½ Unzen (298 g) Weißfisch, ohne Haut und fest, wie Kabeljau oder Heilbutt, in Stücke geschnitten

Richtungen:

1. Süßkartoffeln, Karotten, Kokosmilch, Wasser, Thymian und Meersalz bei starker Hitze in einen großen Topf geben und zum Kochen bringen.

2. Reduzieren Sie die Hitze auf eine niedrige Stufe, decken Sie das Ganze ab und lassen Sie es unter gelegentlichem Rühren 20 Minuten köcheln, bis das Gemüse weich ist.

3. Die Hälfte der Suppe in einen Mixer geben und pürieren, bis alles gut vermischt und glatt ist, dann zurück in den Topf geben.

4. Die Fischstücke einrühren und weitere 12 Minuten garen

bis zu 15 Minuten oder bis der Fisch gar ist.

5. Vom Herd nehmen und in Schüsseln servieren.

<u>Nährwertangaben:</u>Kalorien: 450 ; Fett: 28,7 g; Protein: 14,2 g; Kohlenhydrate: 38,8 g; Ballaststoffe: 8,1 g; Zucker: 6,7g; Natrium: 250 mg

Zitronenmuscheln Portionen: 4

Zutaten:

1 EL. extra natives extra natives Olivenöl 2 gehackte Knoblauchzehen

2 lbs. geschrubbte Muscheln

Saft einer Zitrone

Richtungen:

1. Etwas Wasser in einen Topf geben, Muscheln hinzufügen, bei mittlerer Hitze zum Kochen bringen, 5 Minuten kochen lassen, ungeöffnete Muscheln wegwerfen und in eine Schüssel geben.

2. In einer anderen Schüssel das Öl mit Knoblauch und frisch gepresstem Zitronensaft vermischen, gut verquirlen und über die Muscheln geben, vermengen und servieren.

3. Viel Spaß!

Nährwertangaben:Kalorien: 140, Fett: 4 g, Kohlenhydrate: 8 g, Protein: 8 g, Zucker: 4 g, Natrium: 600 mg,

Portionen Limetten-Chili-Lachs: 2

Kochzeit: 8 Minuten

Zutaten:

1 Pfund Lachs

1 Esslöffel Limettensaft

½ Teelöffel Pfeffer

½ Teelöffel Chilipulver

4 Limettenscheiben

Richtungen:

1. Lachs mit Limettensaft beträufeln.

2. Beide Seiten mit Pfeffer und Chilipulver bestreuen.

3. Lachs in die Heißluftfritteuse geben.

4. Limettenscheiben auf den Lachs legen.

5. 8 Minuten lang bei 375 Grad F an der Luft braten.

Käse-Thunfisch-Pasta-Portionen: 3-4

Zutaten:

2 c. Rucola

¼ c. gehackte Frühlingszwiebeln

1 EL. roter Essig

5 Unzen. abgetropfter Thunfisch aus der Dose

¼ TL. schwarzer Pfeffer

2 Unzen. gekochte Vollkornnudeln

1 EL. Olivenöl

1 EL. geriebener fettarmer Parmesan

Richtungen:

1. Die Nudeln in ungesalzenem Wasser kochen, bis sie fertig sind. Abtropfen lassen und beiseite stellen.

2. In einer großen Schüssel Thunfisch, Frühlingszwiebeln, Essig, Öl, Rucola, Nudeln und schwarzen Pfeffer gründlich vermischen.

3. Gut vermischen und mit dem Käse belegen.

4. Servieren und genießen.

Nährwertangaben:Kalorien: 566,3, Fett: 42,4 g, Kohlenhydrate: 18,6 g, Protein: 29,8 g, Zucker: 0,4 g, Natrium: 688,6 mg

Fischstreifen mit Kokosnusskruste, Portionen: 4

Kochzeit: 12 Minuten

Zutaten:

Marinade

1 Esslöffel Sojasauce

1 Teelöffel gemahlener Ingwer

½ Tasse Kokosmilch

2 Esslöffel Ahornsirup

½ Tasse Ananassaft

2 Teelöffel scharfe Soße

Fisch

1 Pfund Fischfilet, in Streifen geschnitten

Pfeffer nach Geschmack

1 Tasse Semmelbrösel

1 Tasse Kokosflocken (ungesüßt)

Kochspray

Richtungen:

1. Zutaten für die Marinade in einer Schüssel vermischen.

2. Fischstreifen unterrühren.

3. Abdecken und 2 Stunden im Kühlschrank lagern.

4. Heizen Sie Ihre Heißluftfritteuse auf 375 Grad F vor.

5. In einer Schüssel Pfeffer, Semmelbrösel und Kokosflocken vermischen.

6. Fischstreifen in die Semmelbröselmischung tauchen.

7. Besprühen Sie den Korb Ihrer Heißluftfritteuse mit Öl.

8. Fischstreifen in den Heißluftfritteusenkorb legen.

9. 6 Minuten pro Seite an der Luft braten.

Mexikanische Fischportionen: 2

Kochzeit: 10 Minuten

Zutaten:

4 Fischfilets

2 Teelöffel mexikanischer Oregano

4 Teelöffel Kreuzkümmel

4 Teelöffel Chilipulver

Pfeffer nach Geschmack

Kochspray

Richtungen:

1. Heizen Sie Ihre Heißluftfritteuse auf 400 Grad F vor.

2. Fisch mit Öl einsprühen.

3. Beide Seiten des Fisches mit Gewürzen und Pfeffer würzen.

4. Legen Sie den Fisch in den Korb der Heißluftfritteuse.

5. 5 Minuten kochen lassen.

6. Umdrehen und weitere 5 Minuten kochen lassen.

Forelle mit Gurkensalsa Portionen: 4

Kochzeit: 10 Minuten

Zutaten:

Salsa:

1 englische Gurke, gewürfelt

¼ Tasse ungesüßter Kokosjoghurt

2 Esslöffel gehackte frische Minze

1 Frühlingszwiebel, weiße und grüne Teile, gehackt

1 Teelöffel roher Honig

Meersalz

Fisch:

4 (5 Unzen) Forellenfilets, trocken getupft

1 Esslöffel Olivenöl

Meersalz und frisch gemahlener schwarzer Pfeffer nach GeschmackRichtungen:

1. Salsa zubereiten: Joghurt, Gurke, Minze, Frühlingszwiebel, Honig und Meersalz in einer kleinen Schüssel verrühren, bis alles vollständig vermischt ist. Beiseite legen.

2. Auf einer sauberen Arbeitsfläche die Forellenfilets leicht mit Meersalz und Pfeffer einreiben.

3. Das Olivenöl in einer großen Pfanne bei mittlerer Hitze erhitzen. Geben Sie die Forellenfilets in die heiße Pfanne und braten Sie sie etwa 10 Minuten lang. Wenden Sie dabei den Fisch nach der Hälfte der Zeit oder bis der Fisch nach Ihren Wünschen gegart ist.

4. Die Salsa auf dem Fisch verteilen und servieren.

<u>Nährwertangaben:</u>Kalorien: 328 ; Fett: 16,2 g; Protein: 38,9 g; Kohlenhydrate: 6,1 g

; Ballaststoffe: 1,0 g; Zucker: 3,2g; Natrium: 477 mg

Zitronen-Zoodles mit Garnelenportionen: 4

Kochzeit: 0 Minuten

Zutaten:

Soße:

½ Tasse verpackte frische Basilikumblätter

Saft von 1 Zitrone (oder 3 Esslöffel)

1 Teelöffel gehackter Knoblauch aus der Flasche

Prise Meersalz

Eine Prise frisch gemahlenen schwarzen Pfeffer

¼ Tasse vollfette Kokosmilch aus der Dose

1 großer gelber Kürbis, in Streifen geschnitten oder spiralisiert 1 große Zucchini, in Streifen geschnitten oder spiralisiert

1 Pfund (454 g) Garnelen, entdarmt, gekocht, geschält und gekühlt Schale einer Zitrone (optional)

Richtungen:

1. Soße zubereiten: Basilikumblätter, Zitronensaft, Knoblauch, Meersalz und Pfeffer in einer Küchenmaschine fein zerkleinern.

2. Gießen Sie die Kokosmilch langsam ein, während die Küchenmaschine noch läuft. Pulsieren, bis eine glatte Masse entsteht.

3. Geben Sie die Sauce zusammen mit dem gelben Kürbis und der Zucchini in eine große Schüssel. Gut umrühren.

4. Garnelen und Zitronenschale (falls gewünscht) über die Nudeln streuen. Sofort servieren.

<u>Nährwertangaben:</u>Kalorien: 246 ; Fett: 13,1 g; Protein: 28,2 g; Kohlenhydrate: 4,9 g

; Ballaststoffe: 2,0 g; Zucker: 2,8g; Natrium: 139 mg

Knusprige Garnelenportionen: 4

Kochzeit: 3 Minuten

Zutaten:

1 Pfund Garnelen, geschält und entdarmt

½ Tasse Fisch-Panademischung

Kochspray

Richtungen:

1. Heizen Sie Ihre Heißluftfritteuse auf 390 Grad F vor.

2. Garnelen mit Öl einsprühen.

3. Mit der Paniermischung bestreichen.

4. Sprühen Sie den Korb der Heißluftfritteuse mit Öl ein.

5. Geben Sie die Garnelen in den Korb der Heißluftfritteuse.

6. 3 Minuten kochen lassen.

Portionen gegrillter Wolfsbarsch: 2

Zutaten:

2 gehackte Knoblauchzehen

Pfeffer.

1 EL. Zitronensaft

2 weiße Wolfsbarschfilets

¼ TL. Kräutergewürzmischung

Richtungen:

1. Eine Bratpfanne mit etwas Olivenöl einsprühen und die Filets darauf legen.

2. Den Zitronensaft, den Knoblauch und die Gewürze über die Filets streuen.

3. Etwa 10 Minuten grillen, bis der Fisch goldbraun ist.

4. Nach Belieben auf einem Bett aus sautiertem Spinat servieren.

Nährwertangaben:Kalorien: 169, Fett: 9,3 g, Kohlenhydrate: 0,34 g, Protein: 15,3

g, Zucker: 0,2 g, Natrium: 323 mg

Lachskuchen-Portionen: 4

Kochzeit: 10 Minuten

Zutaten:

Kochspray

1 Pfund Lachsfilet, in Flocken

¼ Tasse Mandelmehl

2 Teelöffel Old Bay-Gewürz

1 Frühlingszwiebel, gehackt

Richtungen:

1. Heizen Sie Ihre Heißluftfritteuse auf 390 Grad F vor.

2. Besprühen Sie den Korb Ihrer Heißluftfritteuse mit Öl.

3. In einer Schüssel die restlichen Zutaten vermischen.

4. Aus der Masse Patties formen.

5. Besprühen Sie beide Seiten der Pastetchen mit Öl.

6. 8 Minuten an der Luft braten.

Würzige Kabeljau-Portionen: 4

Zutaten:

2 EL. Frisch gehackte Petersilie

2 lbs. Kabeljaufilets

2 c. Salsa mit niedrigem Natriumgehalt

1 EL. geschmackloses Öl

Richtungen:

1. Heizen Sie den Ofen auf 350°F vor.

2. In einer großen, tiefen Auflaufform das Öl über den Boden träufeln.

Die Kabeljaufilets in die Form legen. Die Salsa über den Fisch gießen. 20 Minuten mit Folie abdecken. Entfernen Sie die Folie nach den letzten 10 Minuten der Garzeit.

3. Im Ofen 20 – 30 Minuten backen, bis der Fisch flockig ist.

4. Mit weißem oder braunem Reis servieren. Mit Petersilie garnieren.

Nährwertangaben:Kalorien: 110, Fett: 11 g, Kohlenhydrate: 83 g, Protein: 16,5 g, Zucker: 0 g, Natrium: 122 mg

Portionen geräucherter Forellenaufstrich: 2

Zutaten:

2 TL. Frischer Zitronensaft

½ c. fettarmer Hüttenkäse

1 gewürfelter Selleriestiel

¼ Pfund geräuchertes Forellenfilet ohne Haut,

½ TL. Worcestersauce

1 Teelöffel. Pfeffersoße

¼ c. grob gehackte rote Zwiebel

Richtungen:

1. Forelle, Hüttenkäse, rote Zwiebeln, Zitronensaft, scharfe Pfeffersauce und Worcestershire-Sauce in einem Mixer oder einer Küchenmaschine vermischen.

2. Alles glatt rühren, dabei anhalten und bei Bedarf die Seiten der Schüssel abkratzen.

3. Den gewürfelten Sellerie unterheben.

4. In einem luftdichten Behälter im Kühlschrank aufbewahren.

Nährwertangaben: Kalorien: 57, Fett: 4 g, Kohlenhydrate: 1 g, Protein: 4 g, Zucker: 0 g, Natrium: 660 mg

Portionen Thunfisch und Schalotten: 4

Zutaten:

½ c. Hühnerbrühe mit niedrigem Natriumgehalt

1 EL. Olivenöl

4 Thunfischfilets ohne Knochen und Haut

2 gehackte Schalotten

1 Teelöffel. süße Paprika

2 EL. Limettensaft

¼ TL. schwarzer Pfeffer

Richtungen:

1. Eine Pfanne mit Öl bei mittlerer bis hoher Hitze erhitzen, Schalotten hinzufügen und 3 Minuten anbraten.

2. Den Fisch dazugeben und auf jeder Seite 4 Minuten braten.

3. Die restlichen Zutaten hinzufügen, alles weitere 3 Minuten kochen lassen, auf Teller verteilen und servieren.

Nährwertangaben:Kalorien: 4040, Fett: 34,6 g, Kohlenhydrate: 3 g, Protein: 21,4 g, Zucker: 0,5 g, Natrium: 1000 mg

Portionen Garnelen mit Zitronenpfeffer: 2

Kochzeit: 10 Minuten

Zutaten:

1 Esslöffel Zitronensaft

1 Esslöffel Olivenöl

1 Teelöffel Zitronenpfeffer

¼ Teelöffel Knoblauchpulver

¼ Teelöffel Paprika

12 Unzen. Garnelen, geschält und entdarmt

Richtungen:

1. Heizen Sie Ihre Heißluftfritteuse auf 400 Grad F vor.

2. Zitronensaft, Olivenöl, Zitronenpfeffer, Knoblauchpulver und Paprika in einer Schüssel vermischen.

3. Garnelen einrühren und gleichmäßig mit der Mischung bestreichen.

4. In die Heißluftfritteuse geben.

5. 8 Minuten kochen lassen.

Heiße Thunfischsteak-Portionen: 6

Zutaten:

2 EL. Frischer Zitronensaft

Pfeffer.

Geröstete Orangen-Knoblauch-Mayonnaise

¼ c. ganze schwarze Pfefferkörner

6 geschnittene Thunfischsteaks

2 EL. Natives Olivenöl extra

Salz

Richtungen:

1. Den Thunfisch passend in eine Schüssel geben. Öl, Zitronensaft, Salz und Pfeffer hinzufügen. Den Thunfisch wenden, damit er gut mit der Marinade bedeckt ist. 15 bis 20 Minuten ruhen lassen

Minuten, einmal wenden.

2. Legen Sie die Pfefferkörner in doppelt so dicke Plastiktüten. Klopfen Sie mit einem schweren Topf oder einem kleinen Holzhammer auf die Pfefferkörner, um sie grob zu zerdrücken. Auf einen großen Teller legen.

3. Wenn Sie den Thunfisch zum Garen bereit haben, tauchen Sie die Ränder in die zerstoßenen Pfefferkörner. Eine beschichtete Pfanne bei mittlerer Hitze erhitzen. Braten Sie die Thunfischsteaks, bei Bedarf portionsweise, 4 Minuten pro Seite an (Medium-Rare-Fisch) und geben Sie bei Bedarf 2 bis 3 Esslöffel der Marinade in die Pfanne, um ein Anhaften zu verhindern.

4. Mit gerösteter Orangen-Knoblauch-Mayonnaise bestreut servieren<u>Nährwertangaben:</u>Kalorien: 124, Fett: 0,4 g, Kohlenhydrate: 0,6 g, Protein: 28 g, Zucker: 0 g, Natrium: 77 mg

Portionen Cajun-Lachs: 2

Kochzeit: 10 Minuten

Zutaten:

2 Lachsfilets

Kochspray

1 Esslöffel Cajun-Gewürz

1 Esslöffel Honig

Richtungen:

1. Heizen Sie Ihre Heißluftfritteuse auf 390 Grad F vor.

2. Besprühen Sie beide Seiten des Fisches mit Öl.

3. Mit Cajun-Gewürz bestreuen.

4. Sprühen Sie den Korb der Heißluftfritteuse mit Öl ein.

5. Lachs in den Heißluftfritteusenkorb geben.

6. 10 Minuten an der Luft braten.

Quinoa-Lachsschüssel mit Gemüse

Portionen: 4

Kochzeit: 0 Minuten

Zutaten:

1 Pfund (454 g) gekochter Lachs, in Flocken

4 Tassen gekochte Quinoa

6 Radieschen, in dünne Scheiben geschnitten

1 Zucchini, in Halbmonde geschnitten

3 Tassen Rucola

3 Frühlingszwiebeln, gehackt

½ Tasse Mandelöl

1 Teelöffel zuckerfreie scharfe Soße

1 Esslöffel Apfelessig

1 Teelöffel Meersalz

½ Tasse geröstete Mandelblättchen zum Garnieren (optional)Richtungen:

1. In einer großen Schüssel Lachsflocken, gekochtes Quinoa, Radieschen, Zucchini, Rucola und Frühlingszwiebeln vermischen und gut umrühren.

2. Mandelöl, scharfe Soße, Apfelessig und Meersalz unterheben und vermischen.

3. Teilen Sie die Mischung auf vier Schüsseln auf. Nach Belieben jede Schüssel gleichmäßig mit Mandelblättchen zum Garnieren bestreuen. Sofort servieren.

Nährwertangaben:Kalorien: 769; Fett: 51,6 g; Protein: 37,2 g; Kohlenhydrate: 44,8 g; Ballaststoffe: 8,0 g; Zucker: 4,0g; Natrium: 681 mg

Portionen panierter Fisch: 4

Kochzeit: 15 Minuten

Zutaten:

¼ Tasse Olivenöl

1 Tasse trockene Semmelbrösel

4 weiße Fischfilets

Pfeffer nach Geschmack

Richtungen:

1. Heizen Sie Ihre Heißluftfritteuse auf 350 Grad F vor.

2. Den Fisch beidseitig mit Pfeffer bestreuen.

3. Öl und Semmelbrösel in einer Schüssel vermischen.

4. Tauchen Sie den Fisch in die Mischung.

5. Die Semmelbrösel fest andrücken.

6. Legen Sie den Fisch in die Heißluftfritteuse.

7. 15 Minuten kochen lassen.

Einfache Lachsfrikadellen, Portionen: 4

Kochzeit: 8 bis 10 Minuten

Zutaten:

1 Pfund (454 g) hautlose, entbeinte Lachsfilets, gehackt ¼ Tasse gehackte süße Zwiebel

½ Tasse Mandelmehl

2 Knoblauchzehen, gehackt

2 Eier, verquirlt

1 Teelöffel Dijon-Senf

1 Esslöffel frisch gepresster Zitronensaft

Prise rote Pfefferflocken

½ Teelöffel Meersalz

¼ Teelöffel frisch gemahlener schwarzer Pfeffer

1 Esslöffel Avocadoöl

Richtungen:

1. Den gehackten Lachs, die süßen Zwiebeln, das Mandelmehl, den Knoblauch, die verquirlten Eier, den Senf, den Zitronensaft, die roten Paprikaflocken, das Meersalz und den Pfeffer in einer großen Schüssel vermischen und gut verrühren.

2. Lassen Sie die Lachsmischung 5 Minuten ruhen.

3. Nehmen Sie die Lachsmischung heraus und formen Sie sie mit Ihren Händen zu vier ½ Zoll dicken Pastetchen.

4. Erhitzen Sie das Avocadoöl in einer großen Pfanne bei mittlerer Hitze. Geben Sie die Pastetchen in die heiße Pfanne und braten Sie sie auf jeder Seite 4 bis 5 Minuten lang, bis sie leicht gebräunt und durchgegart sind.

5. Vom Herd nehmen und auf einem Teller servieren.

Nährwertangaben:Kalorien: 248 ; Fett: 13,4 g; Protein: 28,4 g; Kohlenhydrate: 4,1 g

; Ballaststoffe: 2,0 g; Zucker: 2,0g; Natrium: 443 mg

Portionen Popcorn-Garnelen: 4

Kochzeit: 10 Minuten

Zutaten:

½ Teelöffel Zwiebelpulver

½ Teelöffel Knoblauchpulver

½ Teelöffel Paprika

¼ Teelöffel gemahlener Senf

⅛ Teelöffel getrockneter Salbei

⅛ Teelöffel gemahlener Thymian

⅛ Teelöffel getrockneter Oregano

⅛ Teelöffel getrocknetes Basilikum

Pfeffer nach Geschmack

3 Esslöffel Maisstärke

1 Pfund Garnelen, geschält und entdarmt

Kochspray

Richtungen:

1. Alle Zutaten außer Garnelen in einer Schüssel vermischen.

2. Garnelen mit der Mischung bestreichen.

3. Sprühen Sie den Korb der Heißluftfritteuse mit Öl ein.

4. Heizen Sie Ihre Heißluftfritteuse auf 390 Grad F vor.

5. Garnelen hineingeben.

6. 4 Minuten an der Luft braten.

7. Schütteln Sie den Korb.

8. Weitere 5 Minuten kochen lassen.

Würzig gebackene Fischportionen: 5

Zutaten:

1 EL. Olivenöl

1 Teelöffel. Gewürzsalzfreies Gewürz

1 Pfund Lachsfilet

Richtungen:

1. Heizen Sie den Ofen auf 350F vor.

2. Den Fisch mit Olivenöl und den Gewürzen beträufeln.

3. 15 Minuten ohne Deckel backen.

4. In Scheiben schneiden und servieren.

Nährwertangaben:Kalorien: 192, Fett: 11 g, Kohlenhydrate: 14,9 g, Protein: 33,1 g, Zucker: 0,3 g, Natrium: 505 6 mg

Paprika-Thunfisch-Portionen: 4

Zutaten:

½ TL. Chilipulver

2 TL. süße Paprika

¼ TL. schwarzer Pfeffer

2 EL. Olivenöl

4 Thunfischsteaks ohne Knochen

Richtungen:

1. Eine Pfanne mit Öl bei mittlerer bis hoher Hitze erhitzen, die Thunfischsteaks hinzufügen, mit Paprika, schwarzem Pfeffer und Chilipulver würzen, auf jeder Seite 5 Minuten braten, auf Teller verteilen und mit einem Beilagensalat servieren.

Nährwertangaben:Kalorien: 455, Fett: 20,6 g, Kohlenhydrate: 0,8 g, Protein: 63,8

g, Zucker: 7,4 g, Natrium: 411 mg

Portionen Fischfrikadellen: 2

Kochzeit: 7 Minuten

Zutaten:

8 Unzen. weißes Fischfilet, in Flocken

Knoblauchpulver nach Geschmack

1 Teelöffel Zitronensaft

Richtungen:

1. Heizen Sie Ihre Heißluftfritteuse auf 390 Grad F vor.

2. Alle Zutaten vermischen.

3. Aus der Masse Patties formen.

4. Fischfrikadellen in die Heißluftfritteuse legen.

5. 7 Minuten kochen lassen.

Gebratene Jakobsmuscheln mit Honig,

Portionen: 4

Kochzeit: 15 Minuten

Zutaten:

1 Pfund (454 g) große Jakobsmuscheln, abgespült und trocken getupft, etwas Meersalz

Eine Prise frisch gemahlenen schwarzen Pfeffer

2 Esslöffel Avocadoöl

¼ Tasse roher Honig

3 Esslöffel Kokos-Aminosäuren

1 Esslöffel Apfelessig

2 Knoblauchzehen, gehackt

Richtungen:

1. Jakobsmuscheln, Meersalz und Pfeffer in eine Schüssel geben und verrühren, bis alles gut bedeckt ist.

2. In einer großen Pfanne das Avocadoöl bei mittlerer bis hoher Hitze erhitzen.

3. Die Jakobsmuscheln auf jeder Seite 2 bis 3 Minuten anbraten, oder bis die Jakobsmuscheln milchig weiß oder undurchsichtig und fest werden.

4. Nehmen Sie die Jakobsmuscheln vom Herd, legen Sie sie auf einen Teller und decken Sie sie locker mit Folie ab, um sie warm zu halten. Beiseite legen.

5. Honig, Kokosnuss-Aminosäuren, Essig und Knoblauch in die Pfanne geben und gut umrühren.

6. Zum Kochen bringen und etwa 7 Minuten kochen lassen, bis die Flüssigkeit reduziert ist, dabei gelegentlich umrühren.

7. Geben Sie die gebratenen Jakobsmuscheln wieder in die Pfanne und rühren Sie sie um, um sie mit der Glasur zu überziehen.

8. Die Jakobsmuscheln auf vier Teller verteilen und warm servieren.

Nährwertangaben:Kalorien: 382 ; Fett: 18,9 g; Protein: 21,2 g; Kohlenhydrate: 26,1 g; Ballaststoffe: 1,0 g; Zucker: 17,7g; Natrium: 496 mg

Kabeljaufilets mit Shiitake-Pilzen Portionen: 4

Kochzeit: 15 bis 18 Minuten

Zutaten:

1 Knoblauchzehe, gehackt

1 Lauch, in dünne Scheiben geschnitten

1 Teelöffel gehackte frische Ingwerwurzel

1 Esslöffel Olivenöl

½ Tasse trockener Weißwein

½ Tasse geschnittene Shiitake-Pilze

4 (6 Unzen / 170 g) Kabeljaufilets

1 Teelöffel Meersalz

⅛ Teelöffel frisch gemahlener schwarzer Pfeffer

Richtungen:

1. Heizen Sie den Ofen auf 375 °F (190 °C) vor.

2. Knoblauch, Lauch, Ingwerwurzel, Wein, Olivenöl und Pilze in einer Backform vermischen und schwenken, bis die Pilze gleichmäßig bedeckt sind.

3. Im vorgeheizten Backofen 10 Minuten backen, bis es leicht gebräunt ist.

4. Nehmen Sie die Backform aus dem Ofen. Die Kabeljaufilets darauf verteilen und mit Meersalz und Pfeffer würzen.

5. Mit Alufolie abdecken und zurück in den Ofen stellen. 5 bis 8 Minuten backen

weitere Minuten oder bis der Fisch schuppig ist.

6. Entfernen Sie die Aluminiumfolie und lassen Sie es vor dem Servieren 5 Minuten lang abkühlen.

Nährwertangaben:Kalorien: 166 ; Fett: 6,9 g; Protein: 21,2 g; Kohlenhydrate: 4,8 g; Ballaststoffe: 1,0 g; Zucker: 1,0g; Natrium: 857 mg

Gegrillter weißer Wolfsbarsch, Portionen: 2

Zutaten:

1 Teelöffel. zerhackter Knoblauch

Gemahlener schwarzer Pfeffer

1 EL. Zitronensaft

8 Unzen. weiße Wolfsbarschfilets

¼ TL. salzfreie Kräutergewürzmischung

Richtungen:

1. Heizen Sie den Grill vor und stellen Sie den Rost 10 cm von der Wärmequelle entfernt auf.

2. Eine Backform leicht mit Kochspray einsprühen. Die Filets in die Pfanne legen. Zitronensaft, Knoblauch, Kräutergewürz und Pfeffer über die Filets streuen.

3. Grillen Sie etwa 8 bis 10 Minuten lang, bis der Fisch bei der Prüfung mit einer Messerspitze vollständig undurchsichtig ist.

4. Sofort servieren.

Nährwertangaben: Kalorien: 114, Fett: 2 g, Kohlenhydrate: 2 g, Protein: 21 g, Zucker: 0,5 g, Natrium: 78 mg

Gebackene Tomaten-Seehecht-Portionen: 4-5

Zutaten:

½ c. Tomatensauce

1 EL. Olivenöl

Petersilie

2 geschnittene Tomaten

½ c. geriebener Käse

4 Pfund. entbeinter und in Scheiben geschnittener Seehechtfisch

Salz.

Richtungen:

1. Heizen Sie den Ofen auf 400 0F vor.

2. Den Fisch mit Salz würzen.

3. In einer Pfanne oder einem Topf; Den Fisch im Olivenöl anbraten, bis er halb gar ist.

4. Nehmen Sie vier Folienpapiere, um den Fisch abzudecken.

5. Formen Sie die Folie so, dass sie Behältern ähnelt. Geben Sie die Tomatensauce in jeden Folienbehälter.

6. Den Fisch und die Tomatenscheiben dazugeben und mit geriebenem Käse belegen.

7. Etwa 20–25 Minuten backen, bis eine goldene Kruste entsteht

Protokoll.

8. Öffnen Sie die Packungen und bestreuen Sie sie mit Petersilie.

Nährwertangaben:Kalorien: 265, Fett: 15 g, Kohlenhydrate: 18 g, Protein: 22 g, Zucker: 0,5 g, Natrium: 94,6 mg

Gebratener Schellfisch mit Rüben, Portionen: 4

Kochzeit: 30 Minuten

Zutaten:

8 Rote Bete, geschält und in Achtel geschnitten

2 Schalotten, in dünne Scheiben geschnitten

2 Esslöffel Apfelessig

2 Esslöffel Olivenöl, geteilt

1 Teelöffel gehackter Knoblauch aus der Flasche

1 Teelöffel gehackter frischer Thymian

Prise Meersalz

4 (142 g) Schellfischfilets, trocken getupftRichtungen:

1. Heizen Sie den Ofen auf 205 °C (400 °F) vor.

2. Rüben, Schalotten, Essig, 1 Esslöffel Olivenöl, Knoblauch, Thymian und Meersalz in einer mittelgroßen Schüssel vermischen und gut vermischen. Die Rote-Bete-Mischung in einer Auflaufform verteilen.

3. Im vorgeheizten Backofen etwa 30 Minuten rösten, dabei ein- oder zweimal mit einem Spatel wenden, bis die Rüben weich sind.

4. In der Zwischenzeit den restlichen 1 Esslöffel Olivenöl in einer großen Pfanne bei mittlerer bis hoher Hitze erhitzen.

5. Fügen Sie den Schellfisch hinzu und braten Sie ihn auf jeder Seite 4 bis 5 Minuten lang an, oder bis das Fleisch undurchsichtig ist und sich leicht lösen lässt.

6. Den Fisch auf einen Teller geben und mit den gerösteten Rüben garniert servieren.

Nährwertangaben:Kalorien: 343 ; Fett: 8,8 g; Protein: 38,1 g; Kohlenhydrate: 20,9 g

; Ballaststoffe: 4,0 g; Zucker: 11,5g; Natrium: 540 mg

Herzhafte Thunfischschmelze Portionen: 4

Zutaten:

3 Unzen. geriebener fettarmer Cheddar-Käse

1/3 c. gehackter Sellerie

Schwarzer Pfeffer und Salz

¼ c. gehackte Zwiebel

2 englische Vollkornmuffins

6 Unzen. abgetropfter weißer Thunfisch

¼ c. fettarmer Russe

Richtungen:

1. Grill vorheizen. Thunfisch, Sellerie, Zwiebeln und Salatdressing vermischen.

2. Mit Salz und Pfeffer würzen.

3. Englische Muffinhälften toasten.

4. Mit der geteilten Seite nach oben auf das Backblech legen und jeweils 1/4 der Thunfischmischung darauf verteilen.

5. 2-3 Minuten grillen oder bis es durchgeheizt ist.

6. Mit Käse belegen und etwa 1 Minute länger auf den Grill stellen, bis der Käse geschmolzen ist.

Nährwertangaben:Kalorien: 320, Fett: 16,7 g, Kohlenhydrate: 17,1 g, Protein: 25,7

g, Zucker: 5,85 g, Natrium: 832 mg

Zitronenlachs mit Kaffernlimette Portionen: 8

Zutaten:

1 geviertelter und angedrückter Zitronengrasstängel

2 Kaffir-Limettenblätter

1 dünn geschnittene Zitrone

1 ½ c. frische Korianderblätter

1 ganze Seite Lachsfilet

Richtungen:

1. Heizen Sie den Ofen auf 350°F vor.

2. Decken Sie eine Backform mit Alufolie ab, sodass die Seiten überlappen.

3. Legen Sie den Lachs auf die Folie und belegen Sie ihn mit der Zitrone, den Limettenblättern, dem Zitronengras und 1 Tasse Korianderblättern. Option: Mit Salz und Pfeffer würzen.

4. Bringen Sie die lange Seite der Folie in die Mitte, bevor Sie die Dichtung falten.

Die Enden einrollen, um den Lachs zu verschließen.

5. 30 Minuten backen.

6. Den gekochten Fisch auf eine Platte geben. Mit frischem Koriander belegen.

Mit weißem oder braunem Reis servieren.

Nährwertangaben:Kalorien: 103, Fett: 11,8 g, Kohlenhydrate: 43,5 g, Protein: 18 g, Zucker: 0,7 g, Natrium: 322 mg

Zarter Lachs in Senfsauce, Portionen: 2

Zutaten:

5 EL. Gehackter Dill

2/3 c. Sauerrahm

Pfeffer.

2 EL. dijon Senf

1 Teelöffel. Knoblauchpulver

5 Unzen. Lachsfilets

2-3 EL. Zitronensaft

Richtungen:

1. Sauerrahm, Senf, Zitronensaft und Dill verrühren.

2. Die Filets mit Pfeffer und Knoblauchpulver würzen.

3. Den Lachs mit der Hautseite nach unten auf ein Backblech legen und mit der vorbereiteten Senfsauce bedecken.

4. 20 Minuten bei 390 °F backen.

Nährwertangaben: Kalorien: 318, Fett: 12 g, Kohlenhydrate: 8 g, Protein: 40,9 g, Zucker: 909,4 g, Natrium: 1,4 mg

Krabbensalat-Portionen: 4

Zutaten:

2 c. Krabbenfleisch

1 c. halbierte Kirschtomaten

1 EL. Olivenöl

Schwarzer Pfeffer

1 gehackte Schalotte

1/3 c. gehackter Koriander

1 EL. Zitronensaft

Richtungen:

1. In einer Schüssel die Krabbe mit den Tomaten und den anderen Zutaten vermischen, vermischen und servieren.

Nährwertangaben:Kalorien: 54, Fett: 3,9 g, Kohlenhydrate: 2,6 g, Protein: 2,3 g, Zucker: 2,3 g, Natrium: 462,5 mg

Gebackener Lachs mit Misosauce, Portionen: 4

Kochzeit: 15 bis 20 Minuten

Zutaten:

Soße:

¼ Tasse Apfelwein

¼ Tasse weißes Miso

1 Esslöffel Olivenöl

1 Esslöffel weißer Reisessig

⅛ Teelöffel gemahlener Ingwer

4 (85 bis 113 g) Lachsfilets ohne Knochen, 1 geschnittene Frühlingszwiebel zum Garnieren

⅛ Teelöffel rote Paprikaflocken zum Garnieren

Richtungen:

1. Heizen Sie den Ofen auf 375 °F (190 °C) vor.

2. Soße zubereiten: Apfelwein, weißes Miso, Olivenöl, Reisessig und Ingwer in einer kleinen Schüssel verrühren. Wenn Sie eine dünnere Konsistenz wünschen, fügen Sie etwas Wasser hinzu.

3. Die Lachsfilets mit der Hautseite nach unten in einer Backform anrichten. Die vorbereitete Sauce über die Filets geben, damit sie gleichmäßig bedeckt sind.

4. Im vorgeheizten Ofen 15 bis 20 Minuten backen oder bis der Fisch mit einer Gabel leicht zerbröselt.

5. Mit den geschnittenen Frühlingszwiebeln und Paprikaflocken garnieren und servieren.

Nährwertangaben:Kalorien: 466 ; Fett: 18,4 g; Protein: 67,5 g; Kohlenhydrate: 9,1 g

; Ballaststoffe: 1,0 g; Zucker: 2,7g; Natrium: 819 mg

Mit Kräutern überzogener gebackener Kabeljau mit Honig Portionen: 2

Zutaten:

6 EL. Füllung mit Kräutergeschmack

8 Unzen. Kabeljaufilets

2 EL. Honig

Richtungen:

1. Heizen Sie Ihren Backofen auf 375 OF vor.

2. Eine Backform leicht mit Kochspray einsprühen.

3. Geben Sie die Kräuterfüllung in einen Beutel und verschließen Sie ihn. Die Füllung zerdrücken, bis sie krümelig wird.

4. Die Fische mit Honig bestreichen und den restlichen Honig entfernen.

Geben Sie ein Filet in den Beutel mit der Füllung und schütteln Sie es vorsichtig, um den Fisch vollständig zu umhüllen.

5. Geben Sie den Kabeljau in die Backform und wiederholen Sie den Vorgang für den zweiten Fisch.

6. Wickeln Sie die Filets in Folie ein und backen Sie sie etwa zehn Minuten lang, bis sie ganz fest und undurchsichtig sind, indem Sie sie mit der Spitze einer Messerklinge testen.

7. Heiß servieren.

Nährwertangaben:Kalorien: 185, Fett: 1 g, Kohlenhydrate: 23 g, Protein: 21 g, Zucker: 2 g, Natrium: 144,3 mg

Parmesan-Kabeljau-Mix-Portionen: 4

Zutaten:

1 EL. Zitronensaft

½ c. gehackte Frühlingszwiebel

4 Kabeljaufilets ohne Knochen

3 gehackte Knoblauchzehen

1 EL. Olivenöl

½ c. geriebener fettarmer Parmesankäse

Richtungen:

1. Eine Pfanne mit Öl bei mittlerer Hitze erhitzen, den Knoblauch und die Frühlingszwiebeln hinzufügen, schwenken und 5 Minuten anbraten.

2. Den Fisch dazugeben und auf jeder Seite 4 Minuten braten.

3. Den Zitronensaft hinzufügen, den Parmesan darüber streuen, alles weitere 2 Minuten kochen lassen, auf Teller verteilen und servieren.

Nährwertangaben:Kalorien: 275, Fett: 22,1 g, Kohlenhydrate: 18,2 g, Protein: 12 g, Zucker: 0,34 g, Natrium: 285,4 mg

Knusprige Knoblauchgarnelen-Portionen: 4

Kochzeit: 10 Minuten

Zutaten:

1 Pfund Garnelen, geschält und entdarmt

2 Teelöffel Knoblauchpulver

Pfeffer nach Geschmack

¼ Tasse Mehl

Kochspray

Richtungen:

1. Garnelen mit Knoblauchpulver und Pfeffer würzen.

2. Mit Mehl bestäuben.

3. Besprühen Sie den Korb Ihrer Heißluftfritteuse mit Öl.

4. Garnelen in den Heißluftfritteusenkorb geben.

5. 10 Minuten bei 400 Grad F kochen, dabei nach der Hälfte der Zeit einmal schütteln.

Cremige Wolfsbarsch-Mischung, Portionen: 4

Zutaten:

1 EL. gehackte Petersilie

2 EL. Avocadoöl

1 c. Kokosnuss Creme

1 EL. Limettensaft

1 gehackte gelbe Zwiebel

¼ TL. schwarzer Pfeffer

4 Wolfsbarschfilets ohne Knochen

Richtungen:

1. Eine Pfanne mit Öl bei mittlerer Hitze erhitzen, die Zwiebel dazugeben, schwenken und 2 Minuten anbraten.

2. Den Fisch dazugeben und auf jeder Seite 4 Minuten braten.

3. Die restlichen Zutaten hinzufügen, alles weitere 4 Minuten kochen lassen, auf Teller verteilen und servieren.

Nährwertangaben:Kalorien: 283, Fett: 12,3 g, Kohlenhydrate: 12,5 g, Protein: 8 g, Zucker: 6 g, Natrium: 508,8 mg

Gurken-Ahi-Poke-Portionen: 4

Kochzeit: 0 Minuten

Zutaten:

Ahi Poke:

1 Pfund (454 g) Ahi-Thunfisch in Sushi-Qualität, in 2,5 cm große Würfel geschnitten, 3 Esslöffel Kokosnuss-Aminosäuren

3 Frühlingszwiebeln, in dünne Scheiben geschnitten

1 Serrano-Chili, entkernt und gehackt (optional) 1 Teelöffel Olivenöl

1 Teelöffel Reisessig

1 Teelöffel geröstete Sesamkörner

Prise gemahlener Ingwer

1 große Avocado, gewürfelt

1 Gurke, in ½ Zoll dicke Scheiben geschnittenRichtungen:

1. Ahi-Poke zubereiten: Die Ahi-Thunfischwürfel mit den Kokosnuss-Aminosäuren, Frühlingszwiebeln, Serrano-Chili (falls gewünscht), Olivenöl, Essig, Sesamkörnern und Ingwer in einer großen Schüssel vermischen.

2. Die Schüssel mit Plastikfolie abdecken und 15 Minuten im Kühlschrank marinieren

Protokoll.

3. Geben Sie die gewürfelte Avocado in die Schüssel mit Ahi Poke und rühren Sie alles um.

4. Die Gurkenscheiben auf einem Servierteller anrichten. Den Ahi Poke über die Gurke geben und servieren.

<u>Nährwertangaben:</u>Kalorien: 213 ; Fett: 15,1 g; Protein: 10,1 g; Kohlenhydrate: 10,8 g; Ballaststoffe: 4,0 g; Zucker: 0,6g; Natrium: 70 mg

Minzige Kabeljau-Mischung, Portionen: 4

Zutaten:

4 Kabeljaufilets ohne Knochen

½ c. Hühnerbrühe mit niedrigem Natriumgehalt

2 EL. Olivenöl

¼ TL. schwarzer Pfeffer

1 EL. gehackte Minze

1 TL. geriebene Zitronenschale

¼ c. gehackten Schalotten

1 EL. Zitronensaft

Richtungen:

1. Eine Pfanne mit Öl bei mittlerer Hitze erhitzen, die Schalotten hinzufügen, umrühren und 5 Minuten anbraten.

2. Den Kabeljau, den Zitronensaft und die anderen Zutaten hinzufügen, zum Köcheln bringen und bei mittlerer Hitze 12 Minuten kochen lassen.

3. Alles auf Teller verteilen und servieren.

Nährwertangaben:Kalorien: 160, Fett: 8,1 g, Kohlenhydrate: 2 g, Protein: 20,5 g, Zucker: 8 g, Natrium: 45 mg

Zitronen- und cremiger Tilapia-Portionen: 4

Zutaten:

2 EL. Gehackter frischer Koriander

¼ c. fettarme Mayonnaise

Frisch gemahlener schwarzer Pfeffer

¼ c. frischer Zitronensaft

4 Tilapiafilets

½ c. geriebener fettarmer Parmesankäse

½ TL. Knoblauchpulver

Richtungen:

1. In einer Schüssel alle Zutaten außer Tilapiafilets und Koriander vermischen.

2. Die Filets gleichmäßig mit der Mayonnaisemischung bestreichen.

3. Legen Sie die Filets auf ein großes Folienpapier. Wickeln Sie die Folie um die Filets, um sie zu verschließen.

4. Legen Sie das Folienpaket auf den Boden eines großen Slow Cookers.

5. Stellen Sie den Slow Cooker auf niedrig.

6. Abdecken und 3-4 Stunden kochen lassen.

7. Mit Koriandergarnitur servieren.

<u>Nährwertangaben:</u>Kalorien: 133,6, Fett: 2,4 g, Kohlenhydrate: 4,6 g, Protein: 22 g, Zucker: 0,9 g, Natrium: 510,4 mg

Fisch-Tacos-Portionen: 4

Kochzeit: 20 Minuten

Zutaten:

Kochspray

1 Esslöffel Olivenöl

4 Tassen Krautsalat

1 Esslöffel Apfelessig

1 Esslöffel Limettensaft

Eine Prise Cayennepfeffer

Pfeffer nach Geschmack

2 Esslöffel Taco-Gewürzmischung

¼ Tasse Allzweckmehl

1 Pfund Kabeljaufilet, in Würfel geschnitten

4 Maistortillas

Richtungen:

1. Heizen Sie Ihre Heißluftfritteuse auf 400 Grad F vor.

2. Besprühen Sie den Korb Ihrer Heißluftfritteuse mit Öl.

3. In einer Schüssel Olivenöl, Krautsalat, Essig, Limettensaft, Cayennepfeffer und Pfeffer vermischen.

4. In einer anderen Schüssel Taco-Gewürz und Mehl vermischen.

5. Die Fischwürfel mit der Taco-Gewürzmischung bestreichen.

6. Geben Sie diese in den Korb der Heißluftfritteuse.

7. 10 Minuten an der Luft braten, dabei nach der Hälfte der Zeit schütteln.

8. Die Maistortillas mit der Fisch-Kohlsalat-Mischung belegen und aufrollen.

Ingwer-Seebarsch-Mix-Portionen: 4

Zutaten:

4 Wolfsbarschfilets ohne Knochen

2 EL. Olivenöl

1 Teelöffel. geriebener Ingwer

1 EL. gehackter Koriander

Schwarzer Pfeffer

1 EL. Balsamico Essig

Richtungen:

1. Eine Pfanne mit Öl bei mittlerer Hitze erhitzen, den Fisch hinzufügen und auf jeder Seite 5 Minuten braten.

2. Die restlichen Zutaten hinzufügen, alles weitere 5 Minuten kochen lassen, alles auf Teller verteilen und servieren.

Nährwertangaben:Kalorien: 267, Fett: 11,2 g, Kohlenhydrate: 1,5 g, Protein: 23 g, Zucker: 0,78 g, Natrium: 321,2 mg

Portionen Kokosgarnelen: 4

Kochzeit: 6 Minuten

Zutaten:

2 Eier

1 Tasse ungesüßte getrocknete Kokosnuss

¼ Tasse Kokosmehl

¼ Teelöffel Paprika

Prise Cayennepfeffer

½ Teelöffel Meersalz

Eine Prise frisch gemahlenen schwarzen Pfeffer

¼ Tasse Kokosöl

1 Pfund (454 g) rohe Garnelen, geschält, entdarmt und trocken getupftRichtungen:

1. Die Eier in einer kleinen flachen Schüssel schaumig schlagen. Beiseite legen.

2. In einer separaten Schüssel Kokosnuss, Kokosmehl, Paprika, Cayennepfeffer, Meersalz und schwarzen Pfeffer vermischen und gut verrühren.

3. Die Garnelen in den geschlagenen Eiern wenden und anschließend mit der Kokosnussmischung bestreichen. Überschüssiges Material abschütteln.

4. Erhitzen Sie das Kokosöl in einer großen Pfanne bei mittlerer bis hoher Hitze.

5. Fügen Sie die Garnelen hinzu und kochen Sie sie unter gelegentlichem Rühren 3 bis 6 Minuten lang oder bis das Fruchtfleisch vollständig rosa und undurchsichtig ist.

6. Geben Sie die gekochten Garnelen zum Abtropfen auf einen mit Papiertüchern ausgelegten Teller. Warm servieren.

Nährwertangaben:Kalorien: 278 ; Fett: 1,9 g; Protein: 19,2 g; Kohlenhydrate: 5,8 g; Ballaststoffe: 3,1 g; Zucker: 2,3g; Natrium: 556 mg

Schweinefleisch mit Muskatkürbis, Portionen: 4

Kochzeit: 35 Minuten

Zutaten:

1 Pfund Schweinefleischeintopf, gewürfelt

1 Butternusskürbis, geschält und gewürfelt

1 gelbe Zwiebel, gehackt

2 Esslöffel Olivenöl

2 Knoblauchzehen, gehackt

½ Teelöffel Garam Masala

½ Teelöffel Muskatnuss, gemahlen

1 Teelöffel Chiliflocken, zerstoßen

1 Esslöffel Balsamico-Essig

Eine Prise Meersalz und schwarzer Pfeffer

Richtungen:

1. Eine Pfanne mit Öl bei mittlerer bis hoher Hitze erhitzen, die Zwiebel und den Knoblauch hinzufügen und 5 Minuten anbraten.

2. Das Fleisch dazugeben und weitere 5 Minuten anbraten.

3. Die restlichen Zutaten hinzufügen, vermischen, bei mittlerer Hitze 25 Minuten kochen lassen, auf Teller verteilen und servieren.

Nährwertangaben:Kalorien 348, Fett 18,2, Ballaststoffe 2,1, Kohlenhydrate 11,4, Protein 34,3

Gewürzter Brokkoli, Blumenkohl und Tofu mit roten Zwiebeln

Portionen: 2

Kochzeit: 25 Minuten

Zutaten:

2 Tassen Brokkoliröschen

2 Tassen Blumenkohlröschen

1 mittelgroße rote Zwiebel, gewürfelt

3 Esslöffel natives Olivenöl extra

1 Teelöffel Salz

¼ Teelöffel frisch gemahlener schwarzer Pfeffer

1 Pfund fester Tofu, in 1-Zoll-Würfel geschnitten

1 Knoblauchzehe, gehackt

1 (¼ Zoll) Stück frischer Ingwer, gehackt

Richtungen:

1. Heizen Sie den Ofen auf 400 °F vor.

2. Brokkoli, Blumenkohl, Zwiebel, Öl, Salz und Pfeffer auf einem großen Backblech mit Rand vermischen und gut vermischen.

3. 10 bis 15 Minuten rösten, bis das Gemüse weich ist.

4. Tofu, Knoblauch und Ingwer hinzufügen. Innerhalb von 10 Minuten rösten.

5. Die Zutaten auf dem Backblech vorsichtig vermischen, den Tofu mit dem Gemüse vermischen und servieren.

<u>Nährwertangaben:</u>Kalorien 210 Gesamtfett: 15 g Gesamtkohlenhydrate: 11 g Zucker: 4 g Ballaststoffe: 4 g Protein: 12 g Natrium: 626 mg

Portionen Bohnen-Lachs-Pfanne: 4

Kochzeit: 25 Minuten

Zutaten:

1 Tasse schwarze Bohnen aus der Dose, abgetropft und abgespült 4 Knoblauchzehen, gehackt

1 gelbe Zwiebel, gehackt

2 Esslöffel Olivenöl

4 Lachsfilets, ohne Knochen

½ Teelöffel Koriander, gemahlen

1 Teelöffel Kurkumapulver

2 Tomaten, gewürfelt

½ Tasse Hühnerbrühe

Eine Prise Salz und schwarzer Pfeffer

½ Teelöffel Kreuzkümmelsamen

1 Esslöffel Schnittlauch, gehackt

Richtungen:

1. Eine Pfanne mit Öl bei mittlerer Hitze erhitzen, die Zwiebel und den Knoblauch hinzufügen und 5 Minuten anbraten.

2. Den Fisch dazugeben und von jeder Seite 2 Minuten anbraten.

3. Die Bohnen und die anderen Zutaten hinzufügen, vorsichtig umrühren und weitere 10 Minuten kochen lassen.

4. Die Mischung auf Teller verteilen und sofort zum Mittagessen servieren.

<u>Nährwertangaben:</u>Kalorien 219, Fett 8, Ballaststoffe 8, Kohlenhydrate 12, Protein 8

Portionen Karottensuppe: 4

Kochzeit: 40 Minuten

Zutaten:

1 Tasse Butternusskürbis, gehackt

1 EL. Olivenöl

1 EL. Kurkumapulver

14 ½ oz. Kokosmilch, leicht

3 Tassen Karotte, gehackt

1 Lauch, abgespült und in Scheiben geschnitten

1 EL. Geriebener Ingwer

3 Tassen Gemüsebrühe

1 Tasse Fenchel, gehackt

Salz und Pfeffer nach Geschmack

2 Knoblauchzehen, gehackt

Richtungen:

1. Beginnen Sie mit dem Erhitzen eines Schmortopfs bei mittlerer bis hoher Hitze.

2. Geben Sie dazu das Öl hinzu und rühren Sie dann Fenchel, Kürbis, Karotten und Lauch unter. Gut mischen.

3. Nun 4 bis 5 Minuten anbraten, bis es weich ist.

4. Als nächstes fügen Sie Kurkuma, Ingwer, Pfeffer und Knoblauch hinzu. Weitere 1 bis 2 Minuten kochen lassen.

5. Anschließend Brühe und Kokosmilch dazugeben. Gut kombinieren.

6. Danach die Mischung zum Kochen bringen und den Dutch Oven abdecken.

7. 20 Minuten köcheln lassen.

8. Geben Sie die Mischung nach dem Kochen in einen Hochleistungsmixer und mixen Sie sie 1 bis 2 Minuten lang oder bis eine cremige, glatte Suppe entsteht.

9. Überprüfen Sie die Gewürze und geben Sie bei Bedarf mehr Salz und Pfeffer hinzu.

<u>Nährwertangaben:</u>Kalorien: 210,4 Kcal, Proteine: 2,11 g, Kohlenhydrate: 25,64 g, Fett: 10,91 g

Portionen gesunder Nudelsalat: 6

Kochzeit: 10 Minuten

Zutaten:

1 Packung glutenfreie Fusilli-Nudeln

1 Tasse Traubentomaten, in Scheiben geschnitten

1 Handvoll frischer Koriander, gehackt

1 Tasse Oliven, halbiert

1 Tasse frisches Basilikum, gehackt

½ Tasse Olivenöl

Meersalz nach Geschmack

Richtungen:

1. Olivenöl, gehacktes Basilikum, Koriander und Meersalz verrühren.

Beiseite legen.

2. Die Nudeln nach Packungsanweisung kochen, abseihen und abspülen.

3. Die Nudeln mit den Tomaten und Oliven vermischen.

4. Fügen Sie die Olivenölmischung hinzu und verrühren Sie alles, bis alles gut vermischt ist.

Nährwertangaben:Gesamtkohlenhydrate: 66 g, Ballaststoffe: 5 g, Protein: 13 g, Gesamtfett: 23 g, Kalorien: 525

Kichererbsen-Curry-Portionen: 4 bis 6

Kochzeit: 25 Minuten

Zutaten:

2 × 15 oz. Kichererbsen, gewaschen, abgetropft und gekocht 2 EL. Olivenöl

1 EL. Kurkumapulver

½ von 1 Zwiebel, gewürfelt

1 Teelöffel. Cayenne, am Boden

4 Knoblauchzehen, gehackt

2 TL. Chilipulver

15 Unzen. Tomatenpüree

Schwarzer Pfeffer, nach Bedarf

2 EL. Tomatenmark

1 Teelöffel. Cayenne, am Boden

½ EL. Ahornsirup

½ von 15 oz. Dose Kokosmilch

2 TL. Kreuzkümmel, gemahlen

2 TL. Geräucherte Paprika

Richtungen:

1. Eine große Pfanne bei mittlerer bis hoher Hitze erhitzen. Dazu das Öl löffelweise hinzufügen.

2. Sobald das Öl heiß ist, die Zwiebel einrühren und 3 bis 4 Minuten kochen lassen

Minuten oder bis es weich ist.

3. Als nächstes das Tomatenmark, den Ahornsirup, alle Gewürze, das Tomatenpüree und den Knoblauch hineingeben. Gut mischen.

4. Dann die gekochten Kichererbsen zusammen mit Kokosmilch, schwarzem Pfeffer und Salz hinzufügen.

5. Nun alles gut umrühren und 8 bis 10 Minuten köcheln lassen

Minuten oder bis es eingedickt ist.

6. Limettensaft darüber träufeln und nach Belieben mit Koriander garnieren.

Nährwertangaben:Kalorien: 224 Kcal, Proteine: 15,2 g, Kohlenhydrate: 32,4 g, Fett: 7,5 g

Zutaten für Hackfleisch-Stroganoff:

1 Pfund mageres Hackfleisch

1 kleine Zwiebel gewürfelt

1 Knoblauchzehe gehackt

3/4 Pfund neue Pilze geschnitten

3 Esslöffel Mehl

2 Tassen Fleischbrühe

Salz und Pfeffer nach Geschmack

2 Teelöffel Worcestershire-Sauce

3/4 Tasse scharfe Sahne

2 Esslöffel neue Petersilie

Richtungen:

1. Dunkel gefärbte, gemahlene Hamburger, Zwiebeln und Knoblauch (dabei darauf achten, dass sich nichts darüber verteilt) in eine Schüssel geben, bis kein Rosa mehr übrig ist. Kanalfett.

2. Geschnittene Pilze hinzufügen und 2-3 Minuten kochen lassen. Mehl untermischen und 1 Minute lang kochen lassen.

3. Brühe, Worcestershire-Sauce, Salz und Pfeffer hinzufügen und bis zum Siedepunkt erhitzen. Reduzieren Sie die Hitze und schmoren Sie bei niedriger Temperatur 10 Minuten.

Eiernudeln wie in der Packungsüberschrift angegeben kochen.

4. Fleischmischung vom Herd nehmen, scharfe Sahne und Petersilie untermischen.

5. Über Eiernudeln servieren.

Saure Short Ribs Portionen: 4

Kochzeit: 65 Minuten

Zutaten:

2 lbs. kurze Rinderrippen

1 ½ TL Olivenöl

1 ½ EL Sojasauce

1 EL Worcestershire-Sauce

1 EL Stevia

1 ¼ Tassen gehackte Zwiebel.

1 TL Knoblauch gehackt

1/2 Tasse Rotwein

⅓ Tasse Ketchup, zuckerfrei

Salz und schwarzer Pfeffer nach Geschmack

Richtungen:

1. Die Rippchen in drei Segmente schneiden und mit schwarzem Pfeffer und Salz einreiben.

2. Geben Sie Öl in den Instant-Topf und drücken Sie auf Anbraten.

3. Legen Sie die Rippchen in das Öl und braten Sie sie 5 Minuten pro Seite an.

4. Zwiebeln dazugeben und 4 Minuten anbraten.

5. Knoblauch einrühren und 1 Minute kochen lassen.

6. Die restlichen Zutaten in einer Schüssel verquirlen und über die Rippchen gießen.

7. Setzen Sie den Druckdeckel auf und garen Sie das Gericht 55 Minuten lang im manuellen Modus bei hohem Druck.

8. Sobald Sie fertig sind, lassen Sie den Druck auf natürliche Weise ab und nehmen Sie dann den Deckel ab.

9. Warm servieren.

Nährwertangaben:Kalorien 555, Kohlenhydrate 12,8 g, Protein 66,7 g, Fett 22,3 g, Ballaststoffe 0,9 g

Portionen Hühnchen- und glutenfreie Nudelsuppe: 4

Kochzeit: 25 Minuten

Zutaten:

¼ Tasse natives Olivenöl extra

3 Selleriestangen, in ¼-Zoll-Scheiben geschnitten

2 mittelgroße Karotten, in ¼-Zoll-Würfel geschnitten

1 kleine Zwiebel, in ¼-Zoll-Würfel geschnitten

1 frischer Rosmarinzweig

4 Tassen Hühnerbrühe

8 Unzen glutenfreie Penne

1 Teelöffel Salz

¼ Teelöffel frisch gemahlener schwarzer Pfeffer

2 Tassen gewürfeltes Brathähnchen

¼ Tasse fein gehackte frische glatte Petersilie<u>Richtungen:</u>

1. Erhitzen Sie das Öl bei starker Hitze in einem großen Topf.

2. Sellerie, Karotten, Zwiebeln und Rosmarin dazugeben und 5 bis 7 Minuten anbraten, bis sie weich sind.

3. Brühe, Penne, Salz und Pfeffer hinzufügen und aufkochen.

4. 8 bis 10 Minuten köcheln lassen und kochen, bis die Penne weich ist.

5. Den Rosmarinzweig entfernen und wegwerfen und das Hähnchen und die Petersilie hinzufügen.

6. Reduzieren Sie die Hitze auf eine niedrige Stufe. Innerhalb von 5 Minuten kochen und servieren.

Nährwertangaben:Kalorien 485 Gesamtfett: 18 g Gesamtkohlenhydrate: 47 g Zucker: 4 g Ballaststoffe: 7 g Protein: 33 g Natrium: 1423 mg

Linsen-Curry-Portionen: 4

Kochzeit: 40 Minuten

Zutaten:

2 TL. Senfkörner

1 Teelöffel. Kurkuma, gemahlen

1 Tasse Linsen, eingeweicht

2 TL. Kreuzkümmelsamen

1 Tomate, groß und gehackt

1 gelbe Zwiebel, fein geschnitten

4 Tassen Wasser

Meersalz, nach Bedarf

2 Karotten, in Halbmonde geschnitten

3 Handvoll Spinatblätter, zerkleinert

1 Teelöffel. Ingwer, fein gehackt

½ TL. Chilipulver

2 EL. Kokosnussöl

Richtungen:

1. Geben Sie zunächst die Mungobohnen und das Wasser in einen tiefen Topf bei mittlerer bis hoher Hitze.

2. Nun die Bohnenmischung zum Kochen bringen und köcheln lassen.

3. Innerhalb von 20 bis 30 Minuten köcheln lassen oder bis die Mungobohnen weich sind.

4. Anschließend das Kokosöl in einem großen Topf bei mittlerer Hitze erhitzen und die Senfkörner und Kreuzkümmel unterrühren.

5. Wenn die Senfkörner aufplatzen, geben Sie die Zwiebeln hinein. Die Zwiebeln 4 Minuten anbraten

Minuten oder bis sie weich sind.

6. Den Knoblauch dazugeben und eine weitere Minute weiter anbraten.

Sobald es aromatisch ist, das Kurkuma- und Chilipulver dazugeben.

7. Dann die Karotte und die Tomate hinzufügen – 6 Minuten kochen lassen oder bis sie weich sind.

8. Zum Schluss die gekochten Linsen dazugeben und alles gut verrühren.

9. Die Spinatblätter einrühren und anbraten, bis sie zusammengefallen sind. Vom Herd nehmen. Warm servieren und genießen.

Nährwertangaben: Kalorien: 290 kcal, Proteine: 14 g, Kohlenhydrate: 43 g, Fett: 8 g

Gebratenes Hühnchen und Erbsen, Portionen: 4

Kochzeit: 10 Minuten

Zutaten:

1 ¼ Tassen Hähnchenbrust ohne Knochen und ohne Haut, in dünne Scheiben geschnitten 3 Esslöffel frischer Koriander, gehackt

2 Esslöffel Pflanzenöl

2 Esslöffel Sesamkörner

1 Bund Frühlingszwiebeln, in dünne Scheiben geschnitten

2 Teelöffel Sriracha

2 Knoblauchzehen, gehackt

2 Esslöffel Reisessig

1 Paprika, in dünne Scheiben geschnitten

3 Esslöffel Sojasauce

2½ Tassen Zuckererbsen

Salz, nach Geschmack

Frisch gemahlener schwarzer Pfeffer nach Geschmack

Richtungen:

1. Das Öl in einer Pfanne bei mittlerer Hitze erhitzen. Knoblauch und dünn geschnittene Frühlingszwiebeln hinzufügen. Eine Minute kochen lassen und dann 2 ½ Tassen Zuckererbsen zusammen mit Paprika hinzufügen. Kochen, bis es weich ist, etwa 3-4 Minuten lang.

2. Hühnchen hinzufügen und etwa 4–5 Minuten garen, oder bis es vollständig gar ist.

3. Fügen Sie 2 Teelöffel Sriracha, 2 Esslöffel Sesamkörner, 3 hinzu

Esslöffel Sojasauce und 2 Esslöffel Reisessig. Alles vermengen, bis alles gut vermischt ist. Innerhalb von 2-3 Minuten bei schwacher Hitze köcheln lassen.

4. 3 Esslöffel gehackten Koriander hinzufügen und gut umrühren. Übertragen und bei Bedarf mit zusätzlichen Sesamkörnern und Koriander bestreuen. Genießen!

Nährwertangaben:228 Kalorien, 11 g Fett, 11 g Gesamtkohlenhydrate, 20 g Protein

Saftiger Broccolini mit Sardellenmandeln, Portionen: 6

Kochzeit: 10 Minuten

Zutaten:

2 Bund Broccolini, geputzt

1 Esslöffel natives Olivenöl extra

1 lange frische rote Chilischote, entkernt, fein gehackt 2 Knoblauchzehen, in dünne Scheiben geschnitten

¼ Tasse natürliche Mandeln, grob gehackt

2 Teelöffel Zitronenschale, fein gerieben

Ein Spritzer Zitronensaft, frisch

4 Sardellen in Öl, gehackt

Richtungen:

1. Erhitzen Sie das Öl in einem großen Topf, bis es heiß ist. Die abgetropften Sardellen, Knoblauch, Chili und Zitronenschale hinzufügen. 30 Minuten lang kochen, bis es aromatisch ist

Sekunden unter häufigem Rühren. Fügen Sie die Mandeln hinzu und kochen Sie noch eine Minute lang weiter, wobei Sie häufig umrühren. Vom Herd nehmen und einen Spritzer frischen Zitronensaft hinzufügen.

2. Anschließend den Broccolini in einen Dampfgareinsatz über einem Topf mit siedendem Wasser geben. Abdecken und kochen, bis es knusprig und zart ist, für 2 Personen

bis 3 Minuten. Gut abtropfen lassen und dann auf einen großen Servierteller geben. Mit der Mandelmischung belegen. Genießen.

Nährwertangaben:kcal 350 Fett: 7 g Ballaststoffe: 3 g Protein: 6 g

Portionen Shiitake-Spinat-Pastetchen: 8

Kochzeit: 15 Minuten

Zutaten:

1 ½ Tassen Shiitake-Pilze, gehackt

1 ½ Tassen Spinat, gehackt

3 Knoblauchzehen, gehackt

2 Zwiebeln, gehackt

4 TL. Olivenöl

1 Ei

1 ½ Tassen Quinoa, gekocht

1 ½ TL. Italienisches Gewürz

1/3 Tasse geröstete Sonnenblumenkerne, gemahlen

1/3 Tasse Pecorino-Käse, gerieben

Richtungen:

1. Olivenöl in einem Topf erhitzen. Sobald sie heiß sind, braten Sie die Shiitake-Pilze 3 Minuten lang an, bis sie leicht angebraten sind. Knoblauch

und Zwiebel hinzufügen. 2 Minuten lang anbraten, bis es duftet und durchscheinend ist. Beiseite legen.

2. Im gleichen Topf das restliche Olivenöl erhitzen. Spinat hinzufügen. Hitze reduzieren, dann 1 Minute köcheln lassen, abgießen und in ein Sieb geben.

3. Spinat fein hacken und zur Pilzmischung geben. Ei in die Spinatmischung geben. Gekochte Quinoa unterheben, mit italienischem Gewürz würzen und gut vermischen. Sonnenblumenkerne und Käse darüberstreuen.

4. Teilen Sie die Spinatmischung in Pastetchen auf – Backen Sie die Pastetchen innerhalb von 5 Minuten

Minuten oder bis es fest und goldbraun ist. Mit Burgerbrot servieren.

Nährwertangaben:Kalorien 43 Kohlenhydrate: 9 g Fett: 0 g Protein: 3 g

Brokkoli-Blumenkohl-Salat Portionen: 6

Kochzeit: 20 Minuten

Zutaten:

¼ TL. Schwarzer Pfeffer, gemahlen

3 Tassen Blumenkohlröschen

1 EL. Essig

1 Teelöffel. Honig

8 Tassen Grünkohl, gehackt

3 Tassen Brokkoliröschen

4 EL. Natives Olivenöl extra

½ TL. Salz

1 ½ TL. Dijon Senf

1 Teelöffel. Honig

½ Tasse Kirschen, getrocknet

1/3 Tasse Pekannüsse, gehackt

1 Tasse Manchego-Käse, gehobelt

Richtungen:

1. Heizen Sie den Ofen auf 200 °C vor und legen Sie ein Backblech auf die mittlere Schiene.

2. Anschließend die Blumenkohl- und Brokkoliröschen in eine große Schüssel geben.

3. Geben Sie dazu die Hälfte des Salzes, zwei Esslöffel Öl und Pfeffer. Gut umrühren.

4. Nun die Masse auf das vorgewärmte Blech geben und 12 Minuten backen, dabei zwischendurch einmal wenden.

5. Sobald es zart und goldfarben ist, nehmen Sie es aus dem Ofen und lassen Sie es vollständig abkühlen.

6. In der Zwischenzeit die restlichen zwei Esslöffel Öl, Essig, Honig, Senf und Salz in einer anderen Schüssel vermischen.

7. Streichen Sie diese Mischung über die Grünkohlblätter, indem Sie die Blätter mit den Händen verreiben. Legen Sie es für 3 bis 5 Minuten beiseite.

8. Zum Schluss das geröstete Gemüse, den Käse, die Kirschen und die Pekannuss unter den Brokkoli-Blumenkohl-Salat rühren.

Nährwertangaben:Kalorien: 259 Kcal, Proteine: 8,4 g, Kohlenhydrate: 23,2 g, Fett: 16,3 g

Hühnersalat mit chinesischer Note Portionen: 3

Kochzeit: 25 Minuten

Zutaten:

1 mittelgroße Frühlingszwiebel (in dünne Scheiben geschnitten)

2 Hähnchenbrustfilets ohne Knochen

2 EL Sojasauce

¼ Teelöffel weißer Pfeffer

1 EL Sesamöl

4 Tassen Römersalat (gehackt)

1 Tasse Kohl (geraspelt)

¼ Tasse kleine Karottenwürfel

¼ Tasse dünn geschnittene Mandeln

¼ Tasse Nudeln (nur zum Servieren)

Für die Zubereitung von chinesischem Dressing:

1 gehackte Knoblauchzehe

1 Teelöffel Sojasauce

1 EL Sesamöl

2 EL Reisessig

1 EL Zucker

Richtungen:

1. Bereiten Sie das chinesische Dressing zu, indem Sie alle Zutaten in einer Schüssel verquirlen.

2. In einer Schüssel Hähnchenbrust mit Knoblauch, Olivenöl, Sojasauce und weißem Pfeffer 20 Minuten marinieren.

3. Die Auflaufform in den vorgeheizten Backofen (bei 225 °C) stellen.

4. Legen Sie die Hähnchenbrust in die Auflaufform und backen Sie sie etwa 20 Minuten lang

Protokoll.

5. Zum Zusammenstellen des Salats Römersalat, Kohl, Karotten und Frühlingszwiebeln vermischen.

6. Zum Servieren ein Hähnchenstück auf einen Teller legen und den Salat darauf legen. Geben Sie neben den Nudeln etwas Dressing darüber.

Nährwertangaben:Kalorien 130 Kohlenhydrate: 10 g Fett: 6 g Protein: 10 g

Mit Amaranth und Quinoa gefüllte Paprikaschoten. Portionen: 4

Kochzeit: 1 Stunde und 10 Minuten

Zutaten:

2 Esslöffel Amaranth

1 mittelgroße Zucchini, geputzt, gerieben

2 Strauchtomaten, gewürfelt

2/3 Tasse (ca. 135 g) Quinoa

1 Zwiebel, mittelgroß, fein gehackt

2 zerdrückte Knoblauchzehen

1 Teelöffel gemahlener Kreuzkümmel

2 Esslöffel leicht geröstete Sonnenblumenkerne 75 g Ricotta-Käse, frisch

2 Esslöffel Johannisbeeren

4 große Paprikaschoten, der Länge nach halbiert und entkernt, 2 Esslöffel glatte Petersilie, grob gehacktRichtungen:

1. Legen Sie ein Backblech, vorzugsweise großformatig, mit etwas Backpapier (Antihaftbeschichtung) aus und heizen Sie dann Ihren Backofen

im Voraus auf 180 °C vor. Füllen Sie einen mittelgroßen Topf mit etwa einem halben Liter Wasser und fügen Sie dann Amaranth und Quinoa hinzu. Bringen Sie es bei mäßiger Hitze zum Kochen. Sobald Sie fertig sind, reduzieren Sie die Hitze auf eine niedrige Stufe. Abdecken und 12 bis 15 Minuten köcheln lassen, bis die Körner al dente werden und das Wasser aufgesogen ist

Protokoll. Vom Herd nehmen und beiseite stellen.

2. In der Zwischenzeit eine große Bratpfanne leicht mit Öl bestreichen und bei mittlerer Hitze erhitzen. Sobald es heiß ist, fügen Sie die Zwiebel und die Zucchini hinzu und kochen Sie sie unter häufigem Rühren einige Minuten lang, bis sie weich sind. Kreuzkümmel und Knoblauch hinzufügen; eine Minute kochen lassen. Vom Herd nehmen und zum Abkühlen beiseite stellen.

3. Geben Sie die Körner, die Zwiebelmischung, die Sonnenblumenkerne, die Johannisbeeren, die Petersilie, den Ricotta und die Tomate in eine Rührschüssel, vorzugsweise eine große; Rühren Sie die Zutaten gut um, bis sie gut vermischt sind – würzen Sie sie mit Pfeffer und Salz ab.

4. Füllen Sie die Paprikaschoten mit der vorbereiteten Quinoa-Mischung und legen Sie sie auf das Blech. Decken Sie das Blech mit Aluminiumfolie ab – 17 bis 20 Minuten backen

Protokoll. Entfernen Sie die Folie und backen Sie weitere 15 bis 20 Minuten, bis die Füllung goldbraun und das Gemüse gabelweich ist.

Nährwertangaben:kcal 200 Fett: 8,5 g Ballaststoffe: 8 g Protein: 15 g

Knuspriges Fischfilet mit Käsekruste, Portionen: 4

Kochzeit: 10 Minuten

Zutaten:

¼ Tasse Vollkorn-Semmelbrösel

¼ Tasse Parmesankäse, gerieben

¼ TL Meersalz ¼ TL gemahlener Pfeffer

1 EL. Olivenöl 4 Stück Tilapiafilets

Richtungen:

1. Heizen Sie den Ofen auf 375 °F vor.

2. Semmelbrösel, Parmesankäse, Salz, Pfeffer und Olivenöl in eine Rührschüssel geben.

3. Gut vermischen, bis alles gut vermischt ist.

4. Die Filets mit der Mischung bestreichen und jeweils auf ein leicht besprühtes Backblech legen.

5. Legen Sie das Blech in den Ofen.

6. 10 Minuten backen, bis die Filets gar sind und bräunlich werden.

Nährwertangaben:Kalorien: 255Fett: 7gProtein: 15,9gKohlenhydrate: 34gBallaststoffe: 2,6g

Protein-Power-Bohnen und grüne gefüllte Muscheln

Zutaten:

Echtes Salz oder Meersalz

Olivenöl

12 Unzen. Bündeln Sie handliche Schalen (ca. 40) 1 Pfund. Erstarrter, gespaltener Spinat

2 bis 3 Knoblauchzehen, abgestreift und geteilt

15 bis 16 Unzen. Ricotta-Cheddar (idealerweise Vollfett/Vollmilch) 2 Eier

1 Dose weiße Bohnen (z. B. Cannellini), aufgebraucht und gespült

½ Tasse grünes Pesto, selbstgemacht oder vor Ort gekauft, gemahlener dunkler Pfeffer

3 C (oder mehr) Marinara-Sauce

Gemahlener Parmesan oder Pecorino-Cheddar (nach Belieben)<u>Richtungen:</u>

1. Erhitzen Sie mindestens 5 Liter Wasser in einem großen Topf bis zum Sieden (oder geben Sie zwei kleinere Klumpen hinein). Fügen Sie einen Esslöffel Salz, eine Prise Olivenöl und die Muscheln hinzu. Ca. 9 Minuten lang sprudeln lassen (oder bis es ganz noch einigermaßen fest ist) und dabei

sporadisch verrühren, um die Schalen voneinander zu trennen. Geben Sie die Schalen vorsichtig in ein Sieb oder schöpfen Sie sie mit einem geöffneten Löffel aus dem Wasser. Schnell mit kaltem Wasser waschen. Ein umrandetes Heizblech mit Frischhaltefolie auslegen. Sobald die Schalen ausreichend abgekühlt sind, trennen Sie sie von Hand, indem Sie überschüssiges Wasser ausschütten und die Öffnung in einer einzelnen Schicht auf den Blechbehälter legen. Sobald es fast abgekühlt ist, mit zunehmender Plastikfolie ausbreiten.

2. Bringen Sie ein paar Liter Wasser (oder verwenden Sie das restliche Nudelwasser, falls Sie es nicht ausgeschüttet haben) in einem ähnlichen Topf zum Blasen. Fügen Sie den erstarrten Spinat hinzu und kochen Sie ihn drei Minuten lang auf höchster Stufe, bis er zart ist. Legen Sie feuchte Papiertücher auf das Sieb. Wenn die Öffnungen zu groß sind, schütten Sie den Spinat aus. Stellen Sie ein Sieb über eine Schüssel, um es noch mehr zu entleeren, während Sie mit dem Befüllen beginnen.

3. Geben Sie nur den Knoblauch in eine Küchenmaschine und lassen Sie ihn laufen, bis er fein gehackt ist und an den Seiten haftet. Kratzen Sie die Seiten der Schüssel ab und fügen Sie dann Ricotta, Eier, Bohnen und Pesto hinzu, 1½

Teelöffel Salz und ein paar Pfefferkörner (ein kräftiger Spritzer). Drücken Sie den Spinat in Ihren Händen, um überschüssiges Wasser zu entfernen, und geben Sie dann andere Zutaten in die Küchenmaschine. Lassen Sie es praktisch glatt laufen, wobei noch ein paar kleine Spinatstückchen sichtbar sind. Ich tendiere dazu, nach dem Hinzufügen des rohen Eies nicht zu schmecken, aber wenn Sie denken, dass es ein wenig schmeckt, ändern Sie das Aroma je nach Geschmack.

4. Heizen Sie den Grill auf 350 (F) vor und duschen Sie ihn oder ölen Sie ihn leicht ein (9 x 13 Zoll).

Pfanne, zusätzlich zu einer weiteren kleineren Gulaschform (ungefähr 8 bis 10 der Schalen passen nicht in die 9 x 13). Um die Muscheln zu füllen, holen Sie sich nacheinander jede Muschel und halten Sie sie mit Daumen und Zeigefinger Ihrer nicht vorherrschenden Hand offen. Mit der anderen Hand 3 bis 4 Esslöffel aufschöpfen und in die Schale kratzen. Die meisten von ihnen werden nicht großartig aussehen, was in Ordnung ist! Legen Sie gefüllte Muscheln nebeneinander in den vorbereiteten Behälter. Die Soße über die Schalen geben, so dass kleine Stücke der grünen Füllung unverkennbar bleiben. Den Behälter mit einer Verdünnung auslegen und 30 Minuten lang vorbereiten. Erhöhen Sie die Hitze auf 375 (F), bestreuen Sie die Schalen mit etwas gemahlenem Parmesan (falls verwendet) und erhitzen Sie es weitere 5 Minuten lang

bis zu 10 Minuten, bis sich der Cheddar aufgelöst hat und die überschüssige Feuchtigkeit nachgelassen hat.

5. 5 bis 10 Minuten abkühlen lassen, dann alleine oder nachträglich mit einem frischen Teller gemischtem Gemüse servieren!

Zutaten für asiatischen Nudelsalat:

8 Unzen lange leichte Vollkornnudeln – zum Beispiel Spaghetti (verwenden Sie Soba-Nudeln, um glutenfrei zu machen) 24 Unzen Mann's Broccoli Cole Slaw – 2 12-Unzen-Säcke 4 Unzen gemahlene Karotten

1/4 Tasse natives Olivenöl extra

1/4 Tasse Reisessig

3 Esslöffel Nektar – verwenden Sie leichten Agavennektar, um Veggie-Liebhaber zuzubereiten

3 Esslöffel glatter, nussiger Aufstrich

2 Esslöffel natriumarme Sojasauce – bei Bedarf glutenfrei 1 Esslöffel Sriracha-Pfeffersauce – oder Knoblauch-Chilisauce, zusätzlich nach Geschmack

1 Esslöffel gehackter neuer Ingwer

2 Teelöffel gehackter Knoblauch – ca. 4 Zehen 3/4 Tasse geröstete, ungesalzene Erdnüsse – meist aufgeschlitzt 3/4 Tasse frischer Koriander – fein gehackt

Richtungen:

1. Einen großen Topf mit Salzwasser zum Kochen bringen. Kochen Sie die Nudeln, bis sie noch einigermaßen fest sind, wie in der

Packungsbeschreibung angegeben. Spülen Sie die Mischung ab und spülen Sie sie schnell mit kaltem Wasser ab, um die überschüssige Stärke zu entfernen und das Kochen zu stoppen. Stellen Sie sie dann in eine große Servierschüssel. Fügen Sie den Brokkoli-Krautsalat und die Karotten hinzu.

2. Während die Nudeln kochen, verrühren Sie Olivenöl, Reisessig, Nektar, Nussaufstrich, Sojasauce, Sriarcha, Ingwer und Knoblauch. Über die Nudelmischung gießen und verrühren, damit sie fest wird. Fügen Sie die Erdnüsse und den Koriander hinzu und rühren Sie noch einmal um. Nach Wunsch gekühlt oder bei Zimmertemperatur mit zusätzlicher Sriracha-Sauce servieren.

3. Formelnotizen

4. Asiatischer Nudelsalat kann kalt oder bei Zimmertemperatur serviert werden.

Bewahren Sie Reste bis zu 3 Tage in der Kühlbox in einem wasser- und luftdichten Behälter auf.

Portionen Lachs und grüne Bohnen: 4

Kochzeit: 26 Minuten

Zutaten:

2 Esslöffel Olivenöl

1 gelbe Zwiebel, gehackt

4 Lachsfilets, ohne Knochen

1 Tasse grüne Bohnen, geputzt und halbiert

2 Knoblauchzehen, gehackt

½ Tasse Hühnerbrühe

1 Teelöffel Chilipulver

1 Teelöffel süßer Paprika

Eine Prise Salz und schwarzer Pfeffer

1 Esslöffel Koriander, gehackt

Richtungen:

1. Eine Pfanne mit Öl bei mittlerer Hitze erhitzen, Zwiebeln hinzufügen, umrühren und 2 Minuten anbraten.

2. Den Fisch dazugeben und von jeder Seite 2 Minuten anbraten.

3. Die restlichen Zutaten hinzufügen, vorsichtig vermengen und alles 20 Minuten bei 180 °C backen.

4. Alles auf Teller verteilen und zum Mittagessen servieren.

Nährwertangaben:Kalorien 322, Fett 18,3, Ballaststoffe 2, Kohlenhydrate 5,8, Protein 35,7

Zutaten für mit Käse gefülltes Hähnchen:

2 Frühlingszwiebeln (kaum geschnitten)

2 entkernte Jalapeños (kaum geschnitten)

1/4 c. Koriander

1 Teelöffel. Limettenpizza

4 Unzen. Monterey Jack Cheddar (grob gemahlen) 4 kleine Hähnchenbruststücke ohne Knochen und Haut

3 EL. Olivenöl

Salz

Pfeffer

3 EL. Limettensaft

2 Ringerpaprika (fein geschnitten)

1/2 kleine rote Zwiebel (dürftig geschnitten)

5 c. zerrissener Römersalat

Richtungen:

1. Den Grill auf 450 °F erwärmen. In einer Schüssel Frühlingszwiebeln und entkernte Jalapeños, 1/4 Tasse Koriander (gespalten) und Limettensaft vermischen und mit Monterey Jack Cheddar beträufeln.

2. Stecken Sie die Klinge in das dickste Stück jeder Hähnchenbrust ohne Knochen und ohne Haut und bewegen Sie sie hin und her, um eine 2 1/2-Zoll-Tasche zu schaffen, die so breit ist, wie Sie es sich vorstellen können. Hähnchen mit Cheddar-Mischung füllen.

3. 2 Esslöffel Olivenöl in einer großen Pfanne auf mittlerer Stufe erhitzen.

Hähnchen mit Salz und Pfeffer würzen und auf einer Seite 3 bis 4 Minuten braten, bis es dunkler wird. Das Hähnchen wenden und 10 bis 12 Minuten grillen, bis es gar ist.

4. In der Zwischenzeit in einer großen Schüssel Limettensaft verrühren, 1 Esslöffel Olivenöl und 1/2 Teelöffel Salz. Fügen Sie Ringelpaprika und rote Zwiebeln hinzu und lassen Sie es 10 Minuten lang ruhen, wobei Sie es sporadisch umrühren. Mit Römersalat und 1 Tasse neuem Koriander vermengen. Mit Hühnchen und Limettenspalten servieren.

Rucola mit Gorgonzola-Dressing Portionen: 4

Kochzeit: 0 Minuten

Zutaten:

1 Bund Rucola, gereinigt

1 Birne, in dünne Scheiben geschnitten

1 Esslöffel frischer Zitronensaft

1 Knoblauchzehe, gequetscht

1/3 Tasse Gorgonzola-Käse, zerbröckelt

1/4 Tasse Gemüsebrühe, natriumreduziert

Frisch gemahlener Pfeffer

4 Teelöffel Olivenöl

1 Esslöffel Apfelessig

Richtungen:

1. Birnenscheiben und Zitronensaft in eine Schüssel geben. Zum Überziehen wenden.

Die Birnenscheiben zusammen mit dem Rucola auf einer Platte anrichten.

2. In einer Schüssel Essig, Öl, Käse, Brühe, Pfeffer und Knoblauch vermischen. 5 Minuten einwirken lassen, Knoblauch entfernen. Das Dressing auftragen und servieren.

Nährwertangaben:Kalorien 145 Kohlenhydrate: 23 g Fett: 4 g Protein: 6 g

Portionen Kohlsuppe: 6

Kochzeit: 35 Minuten

Zutaten:

1 gelbe Zwiebel, gehackt

1 Grünkohlkopf, zerkleinert

2 Esslöffel Olivenöl

5 Tassen Gemüsebrühe

1 Karotte, geschält und gerieben

Eine Prise Salz und schwarzer Pfeffer

1 Esslöffel Koriander, gehackt

2 Teelöffel Thymian, gehackt

½ Teelöffel geräuchertes Paprikapulver

½ Teelöffel scharfes Paprikapulver

1 Esslöffel Zitronensaft

Blumenkohlreis-Portionen: 4

Kochzeit: 10 Minuten

Zutaten:

¼ Tasse Speiseöl

1 EL. Kokosnussöl

1 EL. Kokoszucker

4 Tassen Blumenkohl, in Röschen zerteilt ½ TL. Salz

Richtungen:

1. Verarbeiten Sie zunächst den Blumenkohl in einer Küchenmaschine und verarbeiten Sie ihn 1 bis 2 Minuten lang.

2. Erhitzen Sie das Öl in einer großen Pfanne bei mittlerer Hitze und geben Sie dann den geriebenen Blumenkohl, den Kokosblütenzucker und das Salz in die Pfanne.

3. Gut vermengen und 4 bis 5 Minuten kochen, bis der Blumenkohl leicht weich ist.

4. Zum Schluss die Kokosmilch aufgießen und genießen.

Nährwertangaben: Kalorien: 108 kcal, Proteine: 27,1 g, Kohlenhydrate: 11 g, Fett: 6 g

Portionen Feta-Frittata und Spinat: 4

Kochzeit: 10 Minuten

Zutaten:

½ kleine braune Zwiebel

250g Babyspinat

½ Tasse Feta-Käse

1 EL Knoblauchpaste

4 geschlagene Eier

Gewürzmischung

Salz und Pfeffer je nach Geschmack

1 EL Olivenöl

Richtungen:

1. Eine fein gehackte Zwiebel in Öl hinzufügen und auf mittlerer Flamme anbraten.

2. Spinat und hellbraune Zwiebeln dazugeben und 2 Min. schwenken.

3. In die Eier die Mischung aus kaltem Spinat und Zwiebeln geben.

4. Fügen Sie nun Knoblauchpaste, Salz und Pfeffer hinzu und vermischen Sie die Mischung.

5. Kochen Sie diese Mischung auf kleiner Flamme und rühren Sie die Eier vorsichtig um.

6. Feta-Käse auf die Eier geben und die Pfanne unter den bereits vorgeheizten Grill stellen.

7. Kochen Sie es fast 2 bis 3 Minuten lang, bis die Frittata braun ist.

8. Servieren Sie diese Feta-Frittata heiß oder kalt.

Nährwertangaben:Kalorien 210 Kohlenhydrate: 5 g Fett: 14 g Protein: 21 g

Zutaten für die feurigen Chicken Pot-Sticker:

1 Pfund gemahlenes Hühnchen

1/2 Tasse zerstörter Kohl

1 Karotte, geschält und zerkleinert

2 Knoblauchzehen, gepresst

2 Frühlingszwiebeln, spärlich geschnitten

1 Esslöffel Sojasauce mit vermindertem Natriumgehalt

1 Esslöffel Hoisinsauce

1 Esslöffel natürlich gemahlener Ingwer

2 Teelöffel Sesamöl

1/4 Teelöffel gemahlener weißer Pfeffer

36 Won-Tonnen-Wrapper

2 Esslöffel Pflanzenöl

FÜR DIE HEISSE CHILIÖL-SAUCE:

1/2 Tasse Pflanzenöl

1/4 Tasse getrocknete rote Chilischoten, zerdrückt

2 Knoblauchzehen, gehackt

Richtungen:

1. Pflanzenöl in einer kleinen Pfanne bei mittlerer Hitze erhitzen. Gequetschte Paprika und Knoblauch dazugeben und ab und zu umrühren, bis das Öl etwa 8–10 Minuten lang eine Temperatur von 180 Grad F erreicht hat. an einem sicheren Ort aufbewahren.

2. In einer großen Schüssel Hühnchen, Kohl, Karotten, Knoblauch, Frühlingszwiebeln, Sojasauce, Hoisinsauce, Ingwer, Sesamöl und weißen Pfeffer vermischen.

3. Um die Knödel aufzufangen, legen Sie die Verpackungen auf eine Arbeitsfläche.

Geben Sie 1 Esslöffel der Hühnchenmischung in die Mitte jedes Wraps. Reiben Sie die Ränder der Hüllen mit Ihrem Finger mit Wasser ein. Falten Sie die Mischung über die Füllung, sodass eine Halbmondform entsteht, und drücken Sie die Ränder zusammen, um sie zu verschließen.

4. Pflanzenöl in einer großen Pfanne bei mittlerer Hitze erhitzen.

Legen Sie die Topflappen in eine einzelne Schicht und kochen Sie sie etwa 2-3 Minuten pro Seite, bis sie glänzend und frisch sind.

5. Sofort mit heißer Eintopfölsauce servieren.

Knoblauchgarnelen mit gemahlenem Blumenkohl Portionen: 2

Kochzeit: 15 Minuten

Zutaten:

Zur Zubereitung von Garnelen

1 Pfund Garnelen

2-3 EL Cajun-Gewürz

Salz

1 EL Butter/Ghee

Zur Zubereitung von Blumenkohlgrieß

2 EL Ghee

12 Unzen Blumenkohl

1 Knoblauchzehe

Salz nach Geschmack

Richtungen:

1. Blumenkohl und Knoblauch in 8 Unzen Wasser auf mittlerer Flamme kochen, bis sie weich sind.

2. Zarten Blumenkohl in der Küchenmaschine mit Ghee pürieren. Fügen Sie nach und nach dampfendes Wasser hinzu, um die richtige Konsistenz zu erreichen.

3. 2 EL Cajun-Gewürz über die Garnelen streuen und marinieren.

4. Nehmen Sie in einer großen Pfanne 3 EL Ghee und kochen Sie die Garnelen auf mittlerer Flamme.

5. Einen großen Löffel Blumenkohlgrütze in die Schüssel geben und mit gebratenen Garnelen auffüllen.

<u>Nährwertangaben:</u>Kalorien 107 Kohlenhydrate: 1 g Fett: 3 g Protein: 20 g

Brokkoli-Thunfisch-Portionen: 1

Kochzeit: 10 Minuten

Zutaten:

1 Teelöffel. Natives Olivenöl extra

3 Unzen. Thunfisch in Wasser, vorzugsweise leicht und stückig, abgetropft 1 EL. Walnüsse, grob gehackt

2 Tassen Brokkoli, fein gehackt

½ TL. Scharfe Soße

Richtungen:

1. Mischen Sie zunächst Brokkoli, Gewürze und Thunfisch in einer großen Rührschüssel, bis alles gut vermischt ist.

2. Anschließend das Gemüse 3 Minuten lang oder bis es weich ist im Ofen in der Mikrowelle erhitzen

3. Dann die Walnüsse und das Olivenöl in die Schüssel geben und gut vermischen.

4. Servieren und genießen.

Nährwertangaben:Kalorien: 259 kcal, Proteine: 27,1 g, Kohlenhydrate: 12,9 g, Fett: 12,4 g

Butternusskürbissuppe mit Garnelenportionen: 4

Kochzeit: 20 Minuten

Zutaten:

3 Esslöffel ungesalzene Butter

1 kleine rote Zwiebel, fein gehackt

1 Knoblauchzehe, in Scheiben geschnitten

1 Teelöffel Kurkuma

1 Teelöffel Salz

¼ Teelöffel frisch gemahlener schwarzer Pfeffer

3 Tassen Gemüsebrühe

2 Tassen geschälter Butternusskürbis, in ¼-Zoll-Würfel geschnitten 1 Pfund gekochte geschälte Garnelen, bei Bedarf aufgetaut 1 Tasse ungesüßte Mandelmilch

¼ Tasse Mandelblättchen (optional)

2 Esslöffel fein gehackte frische glatte Petersilie 2 Teelöffel geriebene oder gehackte Zitronenschale

Richtungen:

1. Die Butter in einem großen Topf bei starker Hitze auflösen.

2. Zwiebel, Knoblauch, Kurkuma, Salz und Pfeffer hinzufügen und 5 bis 7 Minuten anbraten, bis das Gemüse weich und durchscheinend ist.

3. Brühe und Kürbis dazugeben und aufkochen.

4. Innerhalb von 5 Minuten köcheln lassen.

5. Garnelen und Mandelmilch hinzufügen und etwa 2 Minuten lang erhitzen.

6. Mit Mandeln (falls verwendet), Petersilie und Zitronenschale bestreuen und servieren.

<u>Nährwertangaben:</u>Kalorien 275 Gesamtfett: 12 g Gesamtkohlenhydrate: 12 g Zucker: 3 g Ballaststoffe: 2 g Protein: 30 g Natrium: 1665 mg

Leckere gebackene Putenbällchen, Portionen: 6

Kochzeit: 30 Minuten

Zutaten:

1 Pfund gemahlener Truthahn

½ Tasse frische Semmelbrösel, Weiß- oder Vollkornweizen, ½ Tasse Parmesankäse, frisch gerieben

½-Esslöffel. Basilikum, frisch gehackt

½-Esslöffel. Oregano, frisch gehackt

1 Stück großes Ei, geschlagen

1 EL. Petersilie, frisch gehackt

3 EL Milch oder Wasser

Eine Prise Salz und Pfeffer

Eine Prise frisch geriebene Muskatnuss

Richtungen:

1. Heizen Sie Ihren Backofen auf 350 °F vor.

2. Zwei Backformen mit Backpapier auslegen.

3. Alle Zutaten in einer großen Rührschüssel verrühren.

4. Formen Sie aus der Mischung 2,5 cm große Kugeln und legen Sie jede Kugel in die Backform.

5. Stellen Sie die Pfanne in den Ofen.

6. 30 Minuten backen oder bis der Truthahn gar ist und die Oberfläche braun wird.

7. Die Fleischbällchen nach der Hälfte der Garzeit einmal wenden.

Nährwertangaben:Kalorien: 517 Kalorien, Fett: 17,2 g, Protein: 38,7 g, Kohlenhydrate: 52,7 g, Ballaststoffe: 1 g

Portionen klare Muschelsuppe: 4

Kochzeit: 15 Minuten

Zutaten:

2 Esslöffel ungesalzene Butter

2 mittelgroße Karotten, in ½-Zoll-Stücke geschnitten

2 Selleriestangen, in dünne Scheiben geschnitten

1 kleine rote Zwiebel, in ¼-Zoll-Würfel geschnitten

2 Knoblauchzehen, in Scheiben geschnitten

2 Tassen Gemüsebrühe

1 (8 Unzen) Flasche Muschelsaft

1 (10 Unzen) Dose Muscheln

½ Teelöffel getrockneter Thymian

½ Teelöffel Salz

¼ Teelöffel frisch gemahlener schwarzer Pfeffer

Richtungen:

1. Die Butter in einem großen Topf bei starker Hitze auflösen.

2. Karotten, Sellerie, Zwiebeln und Knoblauch hinzufügen und 2 bis 3 Minuten anbraten, bis sie leicht weich sind.

3. Brühe und Muschelsaft hinzufügen und aufkochen.

4. 3 bis 5 Minuten köcheln lassen und kochen, bis die Karotten weich sind.

5. Muscheln und deren Säfte, Thymian, Salz und Pfeffer einrühren, 2 bis 3 Minuten erhitzen und servieren.

Nährwertangaben:Kalorien: 156 Gesamtfett: 7 g Gesamtkohlenhydrate: 7 g Zucker: 3 g Ballaststoffe: 1 g Protein: 14 g Natrium: 981 mg

Portionen Reis- und Hühnchentopf: 4

Kochzeit: 25 Minuten

Zutaten:

1 Pfund Hühnerbrust aus Freilandhaltung, ohne Knochen und ohne Haut ¼ Tasse brauner Reis

¾ Pfund Pilze nach Wahl, in Scheiben geschnitten

1 Lauch, gehackt

¼ Tasse Mandeln, gehackt

1 Tasse Wasser

1 EL. Olivenöl

1 Tasse grüne Bohnen

½ Tasse Apfelessig

2 EL. Allzweckmehl

1 Tasse Milch, fettarm

¼ Tasse Parmesankäse, frisch gerieben

¼ Tasse Sauerrahm

Eine Prise Meersalz, bei Bedarf mehr hinzufügen

gemahlener schwarzer Pfeffer, nach Geschmack

Richtungen:

1. Braunen Reis in einen Topf geben. Wasser hinzufügen. Abdecken und zum Kochen bringen. Reduzieren Sie die Hitze und köcheln Sie dann 30 Minuten lang oder bis der Reis gar ist.

2. In der Zwischenzeit die Hähnchenbrust in eine Pfanne geben und gerade so viel Wasser aufgießen, dass die Pfanne bedeckt ist – mit Salz würzen. Die Mischung aufkochen, dann die Hitze reduzieren und 10 Minuten köcheln lassen.

3. Das Hähnchen zerkleinern. Beiseite legen.

4. Das Olivenöl erwärmen. Lauch kochen, bis er weich ist. Pilze hinzufügen.

5. Apfelessig in die Mischung gießen. Die Mischung anbraten, bis der Essig verdampft ist. Mehl und Milch in die Pfanne geben.

Parmesankäse darüber streuen und Sauerrahm dazugeben. Mit schwarzem Pfeffer würzen.

6. Heizen Sie den Ofen auf 350 Grad F vor. Fetten Sie eine Auflaufform leicht mit Öl ein.

7. Den gekochten Reis in der Auflaufform verteilen, dann das zerkleinerte Hähnchen und die grünen Bohnen darauf verteilen. Pilze und Lauchsauce hinzufügen.

Mandeln darüber geben.

8. Innerhalb von 20 Minuten backen oder bis es goldbraun ist. Vor dem Servieren abkühlen lassen.

Nährwertangaben:Kalorien 401 Kohlenhydrate: 54 g Fett: 12 g Protein: 20 g

Sautierte Shrimps Jambalaya Jumble Portionen: 4

Kochzeit: 30 Minuten

Zutaten:

10 Unzen. mittelgroße Garnelen, geschält

¼ Tasse Sellerie, gehackt ½ Tasse Zwiebel, gehackt

1 EL. Öl oder Butter ¼ TL Knoblauch, gehackt

¼ TL Zwiebelsalz oder Meersalz

⅓ Tasse Tomatensauce ½ TL geräuchertes Paprikapulver

½ TL Worcestershire-Sauce

⅔ Tasse Karotten, gehackt

1¼ Tassen Hühnerwurst, vorgekocht und gewürfelt 2 Tassen Linsen, über Nacht eingeweicht und vorgekocht 2 Tassen Okraschoten, gehackt

Eine Prise zerstoßener Parmesankäse aus rotem Pfeffer und schwarzem Pfeffer, gerieben als Belag (optional)Richtungen:

1. Garnelen, Sellerie und Zwiebeln mit Öl in einer Pfanne bei mittlerer bis hoher Hitze fünf Minuten lang anbraten, oder bis die Garnelen rosa werden.

2. Die restlichen Zutaten hinzufügen und weitere 10 Minuten anbraten

Minuten oder bis das Gemüse weich ist.

3. Zum Servieren die Jambalaya-Mischung gleichmäßig auf vier Servierschüsseln verteilen.

4. Nach Belieben mit Pfeffer und Käse belegen.

<u>Nährwertangaben:</u>Kalorien: 529Fett: 17,6gProtein: 26,4gKohlenhydrate: 98,4gBallaststoffe: 32,3g

Hähnchen-Chili-Portionen: 6

Kochzeit: 1 Stunde

Zutaten:

1 gelbe Zwiebel, gehackt

2 Esslöffel Olivenöl

2 Knoblauchzehen, gehackt

1 Pfund Hähnchenbrust, ohne Haut, ohne Knochen und gewürfelt 1 grüne Paprika, gehackt

2 Tassen Hühnerbrühe

1 Esslöffel Kakaopulver

2 Esslöffel Chilipulver

1 Teelöffel geräuchertes Paprikapulver

1 Tasse Dosentomaten, gehackt

1 Esslöffel Koriander, gehackt

Eine Prise Salz und schwarzer Pfeffer

Richtungen:

1. Einen Topf mit Öl bei mittlerer Hitze erhitzen, die Zwiebel und den Knoblauch hinzufügen und 5 Minuten anbraten.

2. Das Fleisch dazugeben und weitere 5 Minuten anbraten.

3. Die restlichen Zutaten hinzufügen, vermischen und bei mittlerer Hitze 40 Minuten kochen lassen.

4. Das Chili auf Schüsseln verteilen und zum Mittagessen servieren.

<u>Nährwertangaben:</u>Kalorien 300, Fett 2, Ballaststoffe 10, Kohlenhydrate 15, Protein 11

Portionen Knoblauch-Linsen-Suppe: 4

Kochzeit: 15 Minuten

Zutaten:

2 Esslöffel natives Olivenöl extra

2 mittelgroße Karotten, in dünne Scheiben geschnitten

1 kleine weiße Zwiebel, in ¼-Zoll-Würfel geschnitten

2 Knoblauchzehen, in dünne Scheiben geschnitten

1 Teelöffel gemahlener Zimt

1 Teelöffel Salz

¼ Teelöffel frisch gemahlener schwarzer Pfeffer

3 Tassen Gemüsebrühe

1 (15-Unzen) Dose Linsen, abgetropft und abgespült, 1 Esslöffel gehackte oder geriebene Orangenschale

¼ Tasse gehackte Walnüsse (optional)

2 Esslöffel fein gehackte frische glatte Petersilie<u>Richtungen:</u>

1. Erhitzen Sie das Öl bei starker Hitze in einem großen Topf.

2. Geben Sie die Karotten, die Zwiebel und den Knoblauch hinzu und braten Sie sie bei 5 bis 7 Minuten an, bis sie weich sind

Protokoll.

3. Geben Sie Zimt, Salz und Pfeffer hinzu und rühren Sie 1 bis 2 Minuten lang um, bis das Gemüse gleichmäßig bedeckt ist.

4. Brühe dazugeben und aufkochen. Köcheln lassen, dann die Linsen dazugeben und 1 Minute garen.

5. Die Orangenschale unterrühren und servieren, mit Walnüssen (falls verwendet) und Petersilie bestreut servieren.

Nährwertangaben:Kalorien 201 Gesamtfett: 8 g Gesamtkohlenhydrate: 22 g Zucker: 4 g Ballaststoffe: 8 g Protein: 11 g Natrium: 1178 mg

Pikante Zucchini und Hühnchen in klassischer Santa-Fe-Pfanne

Portionen: 2

Kochzeit: 15 Minuten

Zutaten:

1 EL. Olivenöl

2 Stück Hähnchenbrust, in Scheiben geschnitten

1 Stück Zwiebel, klein, gewürfelt

2 Knoblauchzehen, gehackt, 1 Stück Zucchini, gewürfelt, ½ Tasse Karotten, geraspelt

1 TL Paprika, geräuchert 1 TL Kreuzkümmel, gemahlen

½ TL Chilipulver ¼ TL Meersalz

2 EL. frischer Limettensaft

¼ Tasse Koriander, frisch gehackt

Zum Servieren brauner Reis oder Quinoa

Richtungen:

1. Braten Sie das Hähnchen mit Olivenöl etwa 3 Minuten lang an, bis das Hähnchen braun wird. Beiseite legen.

2. Benutzen Sie denselben Wok und fügen Sie die Zwiebel und den Knoblauch hinzu.

3. Kochen, bis die Zwiebel weich ist.

4. Karotten und Zucchini hinzufügen.

5. Rühren Sie die Mischung um und kochen Sie sie etwa eine Minute lang weiter.

6. Alle Gewürze in die Mischung geben und eine weitere Minute köcheln lassen.

7. Geben Sie das Huhn wieder in den Wok und gießen Sie den Limettensaft hinein.

8. Unter Rühren kochen, bis alles gar ist.

9. Zum Servieren die Mischung über gekochten Reis oder Quinoa geben und mit dem frisch gehackten Koriander belegen.

Nährwertangaben:Kalorien: 191Fett: 5,3gProtein: 11,9gKohlenhydrate: 26,3gBallaststoffe: 2,5g

Tilapia-Tacos mit fantastischem Ingwer-Sesam-Krautsalat

Portionen: 4

Kochzeit: 5 Stunden

Zutaten:

1 TL frischer Ingwer, gerieben

Salz und frisch gemahlener schwarzer Pfeffer nach Geschmack, 1 TL Stevia

1 EL Sojasauce

1 EL Olivenöl

1 EL Zitronensaft

1 EL Naturjoghurt

1½ Pfund Tilapiafilets

1 Tasse Krautsalatmischung

Richtungen:

1. Schalten Sie den Instant-Topf ein, geben Sie alle Zutaten außer den Tilapiafilets und der Krautsalatmischung hinzu und rühren Sie, bis alles gut vermischt ist.

2. Dann die Filets dazugeben, schwenken, bis sie gut bedeckt sind, den Deckel schließen und auf den Deckel drücken

Drücken Sie die „Slow Cook"-Taste und lassen Sie die Filets 5 Stunden lang garen, wobei Sie die Filets nach der Hälfte der Zeit wenden.

3. Wenn Sie fertig sind, geben Sie die Filets in eine Schüssel und lassen Sie sie vollständig abkühlen.

4. Zur Essenszubereitung die Krautsalatmischung auf vier luftdichte Behälter verteilen, Tilapia dazugeben und bis zu drei Tage im Kühlschrank aufbewahren.

5. Wenn Sie es essen möchten, erhitzen Sie den Tilapia in der Mikrowelle, bis er heiß ist, und servieren Sie ihn dann mit Krautsalat.

Nährwertangaben:Kalorien 278, Gesamtfett 7,4 g, Gesamtkohlenhydrate 18,6 g, Protein 35,9 g, Zucker 1,2 g, Ballaststoffe 8,2 g, Natrium 194 mg

Curry-Linsen-Eintopf Portionen: 4

Kochzeit: 15 Minuten

Zutaten:

1 Esslöffel Olivenöl

1 Zwiebel, gehackt

2 Knoblauchzehen, gehackt

1 Esslöffel Bio-Curry-Gewürz

4 Tassen natriumarme Bio-Gemüsebrühe 1 Tasse rote Linsen

2 Tassen Butternusskürbis, gekocht

1 Tasse Grünkohl

1 Teelöffel Kurkuma

Meersalz nach Geschmack

Richtungen:

1. Das Olivenöl mit der Zwiebel und dem Knoblauch in einem großen Topf bei mittlerer Hitze anbraten und hinzufügen. 3 Minuten anbraten.

2. Das Bio-Curry-Gewürz, die Gemüsebrühe und die Linsen hinzufügen und zum Kochen bringen – 10 Minuten kochen lassen.

3. Den gekochten Butternusskürbis und den Grünkohl unterrühren.

4. Nach Geschmack Kurkuma und Meersalz hinzufügen.

5. Warm servieren.

Nährwertangaben:Gesamtkohlenhydrate: 41 g, Ballaststoffe: 13 g, Protein: 16 g, Gesamtfett: 4 g, Kalorien: 252

Grünkohl-Caesar-Salat mit gegrilltem Hähnchen-Wrap, Portionen: 2

Kochzeit: 20 Minuten

Zutaten:

6 Tassen Grünkohl, in kleine, mundgerechte Stücke geschnitten ½ verrührtes Ei; gekocht

8 Unzen gegrilltes Hähnchen, in dünne Scheiben geschnitten

½ Teelöffel Dijon-Senf

¾ Tasse Parmesankäse, fein gerieben

gemahlener schwarzer Pfeffer

koscheres Salz

1 Knoblauchzehe, gehackt

1 Tasse Kirschtomaten, geviertelt

1/8 Tasse Zitronensaft, frisch gepresst

2 große Tortillas oder zwei Lavash-Fladenbrote

1 Teelöffel Agave oder Honig

1/8 Tasse Olivenöl

Richtungen:

1. Die Hälfte des geschlagenen Eies mit Senf, gehacktem Knoblauch, Honig, Olivenöl und Zitronensaft in einer großen Rührschüssel vermischen. Rühren, bis eine Dressing-ähnliche Konsistenz entsteht. Mit Pfeffer und Salz abschmecken.

2. Kirschtomaten, Hühnchen und Grünkohl hinzufügen; Vorsichtig umrühren, bis alles schön mit dem Dressing bedeckt ist, und dann ¼ Tasse Parmesan hinzufügen.

3. Die Fladenbrote ausbreiten und den vorbereiteten Salat gleichmäßig auf den Wraps verteilen; Jeweils mit etwa ¼ Tasse Parmesan bestreuen.

4. Die Wraps aufrollen und halbieren. Sofort servieren und genießen.

Nährwertangaben:kcal 511 Fett: 29 g Ballaststoffe: 2,8 g Protein: 50 g

Portionen Spinat-Bohnen-Salat: 1

Kochzeit: 5 Minuten

Zutaten:

1 Tasse frischer Spinat

¼ Tasse schwarze Bohnen aus der Dose

½ Tasse Kichererbsen aus der Dose

½ Tasse Cremini-Pilze

2 Esslöffel Bio-Balsamico-Vinaigrette 1 Esslöffel Olivenöl

Richtungen:

1. Die Cremini-Pilze mit dem Olivenöl bei schwacher, mittlerer Hitze 5 Minuten kochen, bis sie leicht gebräunt sind.

2. Stellen Sie den Salat zusammen, indem Sie den frischen Spinat auf einen Teller geben und ihn mit den Bohnen, Pilzen und der Balsamico-Vinaigrette belegen.

Nährwertangaben:Gesamtkohlenhydrate: 26 g, Ballaststoffe: 8 g, Protein: 9 g, Gesamtfett: 15 g, Kalorien: 274

Lachs in der Kruste mit Walnüssen und Rosmarin, Portionen: 6

Kochzeit: 20 Minuten

Zutaten:

1 Knoblauchzehe fein hacken

1 EL Dijon-Senf

¼ EL Zitronenschale

1 EL Zitronensaft

1 EL frischer Rosmarin

1/2 EL Honig

Olivenöl

Frische Petersilie

3 EL gehackte Walnüsse

1 Pfund Lachs ohne Haut

1 EL frisch zerstoßener roter Pfeffer

Salz Pfeffer

Zitronenspalten zum Garnieren

3 EL Panko-Semmelbrösel

1 EL natives Olivenöl extra

Richtungen:

1. Breiten Sie das Backblech im Ofen aus und heizen Sie es auf 240 °C vor.

2. In einer Schüssel Senfpaste, Knoblauch, Salz, Olivenöl, Honig, Zitronensaft, zerstoßene rote Paprika, Rosmarin und Eiterhonig vermischen.

3. Panko, Walnüsse und Öl vermischen und dünne Fischscheiben auf dem Backblech verteilen. Sprühen Sie Olivenöl gleichmäßig auf beide Seiten des Fisches.

4. Die Walnussmischung auf den Lachs legen und die Senfmischung darauf verteilen.

5. Den Lachs etwa 12 Minuten lang backen. Mit frischer Petersilie und Zitronenschnitzen garnieren und heiß servieren.

Nährwertangaben: Kalorien 227 Kohlenhydrate: 0 g Fett: 12 g Protein: 29 g

Gebackene Süßkartoffel mit roter Tahini-Sauce, Portionen: 4

Kochzeit: 30 Minuten

Zutaten:

15 Unzen Kichererbsen in Dosen

4 mittelgroße Süßkartoffeln

½ EL Olivenöl

1 Prise Salz

1 EL Limettensaft

1/2 EL Kreuzkümmel, Koriander und Paprikapulver für die Knoblauch-Kräutersauce

¼ Tasse Tahinisauce

½ EL Limettensaft

3 Knoblauchzehen

Salz nach Geschmack

Richtungen:

1. Den Backofen auf 204 °C vorheizen. Kichererbsen in Salz, Gewürzen und Olivenöl vermengen. Verteilen Sie sie auf dem Folienblatt.

2. Dünne Süßkartoffelspalten mit Öl bestreichen, auf marinierte Bohnen legen und backen.

3. Für die Sauce alle Zutaten in einer Schüssel vermischen. Fügen Sie etwas Wasser hinzu, aber lassen Sie es dickflüssig.

4. Süßkartoffeln nach 25 Minuten aus dem Ofen nehmen.

5. Garnieren Sie diesen gebackenen Süßkartoffel-Kichererbsensalat mit scharfer Knoblauchsauce.

<u>Nährwertangaben:</u>Kalorien 90 Kohlenhydrate: 20 g Fett: 0 g Protein: 2 g

Italienische Sommerkürbissuppe, Portionen: 4

Kochzeit: 15 Minuten

Zutaten:

3 Esslöffel natives Olivenöl extra

1 kleine rote Zwiebel, in dünne Scheiben geschnitten

1 Knoblauchzehe, gehackt

1 Tasse geriebene Zucchini

1 Tasse geriebener gelber Kürbis

½ Tasse geraspelte Karotte

3 Tassen Gemüsebrühe

1 Teelöffel Salz

2 Esslöffel fein gehacktes frisches Basilikum

1 Esslöffel fein gehackter frischer Schnittlauch

2 Esslöffel Pinienkerne

Richtungen:

1. Erhitzen Sie das Öl bei starker Hitze in einem großen Topf.

2. Zwiebel und Knoblauch dazugeben und 5 bis 7 Minuten anbraten, bis sie weich sind.

3. Zucchini, gelben Kürbis und Karotte hinzufügen und 1 bis 2 Minuten anbraten, bis sie weich sind.

4. Brühe und Salz hinzufügen und aufkochen. Innerhalb von 1 bis 2 Minuten köcheln lassen.

5. Basilikum und Schnittlauch unterrühren und mit den Pinienkernen bestreut servieren.

<u>Nährwertangaben:</u>Kalorien: 172 Gesamtfett: 15 g Gesamtkohlenhydrate: 6 g Zucker: 3 g Ballaststoffe: 2 g Protein: 5 g Natrium: 1170 mg

Portionen Safran-Lachs-Suppe: 4

Kochzeit: 20 Minuten

Zutaten:

¼ Tasse natives Olivenöl extra

2 Lauchstangen, nur die weißen Teile, in dünne Scheiben geschnitten

2 mittelgroße Karotten, in dünne Scheiben geschnitten

2 Knoblauchzehen, in dünne Scheiben geschnitten

4 Tassen Gemüsebrühe

1 Pfund Lachsfilets ohne Haut, in 2,5 cm große Stücke geschnitten, 1 Teelöffel Salz

¼ Teelöffel frisch gemahlener schwarzer Pfeffer

¼ Teelöffel Safranfäden

2 Tassen Babyspinat

½ Tasse trockener Weißwein

2 Esslöffel gehackte Frühlingszwiebeln, sowohl weiße als auch grüne Teile 2 Esslöffel fein gehackte frische glatte Petersilie

Richtungen:

1. Das Öl in einem großen Topf stark erhitzen.

2. Den Lauch, die Karotten und den Knoblauch dazugeben und bei 5 bis 7 anbraten, bis sie weich sind

Protokoll.

3. Brühe dazugeben und aufkochen.

4. Köcheln lassen und Lachs, Salz, Pfeffer und Safran hinzufügen. Kochen, bis der Lachs gar ist, etwa 8 Minuten.

5. Spinat, Wein, Frühlingszwiebeln und Petersilie hinzufügen und 1 bis 2 Minuten kochen, bis der Spinat zusammengefallen ist, und servieren.

Nährwertangaben:Kalorien 418 Gesamtfett: 26 g Gesamtkohlenhydrate: 13 g Zucker: 4 g Ballaststoffe: 2 g Protein: 29 g Natrium: 1455 mg

Scharf-saure Garnelen- und Pilzsuppe mit Thai-Geschmack

Portionen: 6

Kochzeit: 38 Minuten

Zutaten:

3 EL ungesalzene Butter

1 Pfund Garnele, geschält und entdarmt

2 TL gehackter Knoblauch

1 Zoll großes Stück Ingwerwurzel, geschält

1 mittelgroße Zwiebel, gewürfelt

1 rote Thai-Chili, gehackt

1 Stängel Zitronengras

½ TL frische Limettenschale

Salz und frisch gemahlener schwarzer Pfeffer, zum Abschmecken 5 Tassen Hühnerbrühe

1 EL Kokosöl

½ Pfund Cremini-Pilze, in Spalten geschnitten

1 kleine grüne Zucchini

2 EL frischer Limettensaft

2 EL Fischsauce

¼ Bund frisches Thai-Basilikum, gehackt

¼ Bund frischer Koriander, gehackt

Richtungen:

1. Nehmen Sie einen großen Topf, stellen Sie ihn auf mittlere Hitze, fügen Sie Butter hinzu und wenn sie schmilzt, fügen Sie Garnelen, Knoblauch, Ingwer, Zwiebeln, Chilis, Zitronengras und Limettenschale hinzu, würzen Sie mit Salz und schwarzem Pfeffer und kochen Sie es 3 Minuten lang.

2. Brühe angießen, 30 Minuten köcheln lassen und dann abseihen.

3. Eine große Bratpfanne bei mittlerer Hitze erhitzen, Öl hinzufügen und, wenn es heiß ist, Pilze und Zucchini hinzufügen, noch einmal mit Salz und schwarzem Pfeffer würzen und 3 Minuten kochen lassen.

4. Garnelenmischung in die Pfanne geben, 2 Minuten köcheln lassen, mit Limettensaft und Fischsauce beträufeln und 1 Minute kochen lassen.

5. Abschmecken, um die Gewürze anzupassen, dann die Pfanne vom Herd nehmen, mit Koriander und Basilikum garnieren und servieren.

Nährwertangaben: Kalorien 223, Gesamtfett 10,2 g, Gesamtkohlenhydrate 8,7 g, Protein 23 g, Zucker 3,6 g, Natrium 1128 mg

Zutaten für Orzo mit getrockneten Tomaten:

1 Pfund Hähnchenbrust ohne Knochen und ohne Haut, in 3/4-Zoll-Stücke gewürfelt

1 EL + 1 TL Olivenöl

Salz und knusprig gemahlener dunkler Pfeffer

2 Knoblauchzehen, gehackt

1/4 Tasse (8 oz) trockene Orzo-Nudeln

2 3/4 Tassen natriumarme Hühnerbrühe, dann abwechslungsreicher (verwenden Sie keine gewöhnlichen Säfte, sie werden zu salzig) 1/3 Tasse sonnengetrocknete Tomatenstücke, gefüllt mit Öl und Kräutern (ca. 12 Teile. Abschütteln einen Teil des Öls), in einer Küchenmaschine fein zerkleinert

1/2 - 3/4 Tasse fein zerkleinerter Parmesan-Cheddar, nach Geschmack 1/3 Tasse gespaltenes, knuspriges Basilikum

Richtungen:

1. 1 EL Olivenöl in einem Bratbehälter bei mittlerer bis hoher Temperatur erhitzen.

2. Sobald das Huhn glänzt, fügen Sie das Huhn hinzu, würzen Sie es vorsichtig mit Salz und Pfeffer und kochen Sie es etwa 3 Minuten lang, bis es glänzend ist. Drehen Sie es dann auf die andere Seite und kochen Sie es etwa 3 Minuten lang, bis es eine glänzende dunkle Farbe hat und durchgegart ist. Das Hähnchen auf einen Teller legen und mit Alufolie ausbreiten, damit es warm bleibt.

3. Fügen Sie 1 Teelöffel Olivenöl hinzu, um das Gericht anzubraten, fügen Sie dann Knoblauch hinzu und braten Sie es 20 Sekunden lang an oder bis es leicht glänzend ist. Gießen Sie dann den Hühnersaft hinzu, während Sie die gekochten Stücke vom Boden der Pfanne abkratzen.

4. Die Brühe bis zum Siedepunkt erhitzen, dann die Orzo-Nudeln hineingeben, die Hitze reduzieren und die Bratpfanne mit Deckel auf mittlerer Stufe verteilen und 5 Minuten lang leicht sprudeln lassen, dann aufdecken, umrühren und weiter sprudeln lassen, bis die Orzo-Nudeln zart sind, etwa 5 Minuten länger kochen, ab und zu mixen (machen Sie sich keine Sorgen, wenn noch etwas Saft übrig ist, das gibt ihm etwas Würziges).

5. Wenn die Nudeln durchgekocht sind, geben Sie das Hühnchen mit Orzo hinein und entfernen Sie es vom Herd. Fügen Sie Parmesan-Cheddar hinzu und mischen Sie es, bis es sich aufgelöst hat. Geben Sie dann sonnengetrocknete Tomaten und Basilikum hinzu und würzen Sie es

mit Pfeffer (Sie benötigen kein Salz, fügen aber ein wenig hinzu, wenn Sie denken, dass es nötig ist).

6. Fügen Sie bei Bedarf mehr Saft zum Verdünnen hinzu (während die Nudeln ruhen, nehmen sie reichlich Flüssigkeit auf, und ich habe es mit etwas Überschuss genossen, also habe ich etwas mehr hinzugefügt). Warm servieren.

Portionen Pilz- und Rübensuppe: 4

Kochzeit: 40 Minuten

Zutaten:

2 Esslöffel Olivenöl

1 gelbe Zwiebel, gehackt

2 Rote Bete, geschält und in große Würfel geschnitten

1 Pfund weiße Champignons, in Scheiben geschnitten

2 Knoblauchzehen, gehackt

1 Esslöffel Tomatenmark

5 Tassen Gemüsebrühe

1 Esslöffel Petersilie, gehackt

Richtungen:

1. Einen Topf mit Öl bei mittlerer Hitze erhitzen, die Zwiebel und den Knoblauch hinzufügen und 5 Minuten anbraten.

2. Die Pilze dazugeben, umrühren und weitere 5 Minuten anbraten.

3. Die Rüben und die anderen Zutaten dazugeben, zum Kochen bringen und bei mittlerer Hitze weitere 30 Minuten kochen lassen, dabei ab und zu umrühren.

4. Die Suppe in Schüsseln füllen und servieren.

<u>Nährwertangaben:</u>Kalorien 300, Fett 5, Ballaststoffe 9, Kohlenhydrate 8, Protein 7

Zutaten für Hähnchen-Parmesan-Fleischbällchen:

2 Pfund gehacktes Hühnchen

3/4 Tasse Panko-Semmelbrösel, glutenfreies Panko reicht gut, 1/4 Tasse fein gehackte Zwiebeln

2 Esslöffel gehackte Petersilie

2 Knoblauchzehen gehackt

Zum Schluss 1 kleine Zitrone, 1 Teelöffel und 2 Eier

3/4 Tasse zerstörter Pecorino Romano oder Parmesan-Cheddar 1 Teelöffel echtes Salz

1/2 Teelöffel knusprig gemahlener dunkler Pfeffer

1 Liter Fünf-Minuten-Marinara-Sauce

4–6 Unzen Mozzarella, knusprig geschnitten

Richtungen:

1. Heizen Sie den Herd auf 400 Grad vor und stellen Sie den Rost in das obere Drittel des Grills. In einer großen Schüssel alles außer der Marinara und dem Mozzarella vermengen. Mit den Händen oder einem großen Löffel vorsichtig vermischen. Kleine Fleischbällchen formen und auf ein mit Folie

ausgelegtes Heizblech legen. Platzieren Sie die Fleischbällchen direkt nebeneinander auf dem Teller, damit sie passen. Über jedes Fleischbällchen etwa einen halben Esslöffel Soße geben. 15 Minuten erhitzen.

2. Nehmen Sie die Fleischbällchen vom Herd und erhöhen Sie die Grilltemperatur zum Garen. Über jedes Fleischbällchen einen zusätzlichen halben Esslöffel Soße geben und mit einem kleinen Quadrat Mozzarella belegen. (Ich schneide die kleinen Stücke in etwa 2,5 cm große Stücke.) Weitere 3 Minuten grillen, bis der Cheddar weich und glänzend geworden ist. Mit zusätzlicher Soße servieren. Vielen Dank!

Zutaten für Fleischbällchen Alla Parmigiana:

Für die Fleischbällchen

1,5 Pfund gemahlener Hamburger (80/20)

2 EL knackige Petersilie, gehackt

3/4 Tasse gemahlener Parmesan-Cheddar

1/2 Tasse Mandelmehl

2 Eier

1 TL Salz hinzufügen

1/4 TL gemahlener dunkler Pfeffer

1/4 TL Knoblauchpulver

1 TL getrocknete Zwiebeltropfen

1/4 TL getrockneter Oregano

1/2 Tasse warmes Wasser

Für die Parmigiana

1 Tasse einfache Keto-Marinara-Sauce (oder eine beliebige zuckerfreie, vor Ort erworbene Marinara)

4 Unzen Mozzarella-Cheddar

Richtungen:

1. Alle Fleischbällchenzutaten in eine große Schüssel geben und gut vermischen.

2. In fünfzehn 2" große Fleischbällchen formen.

3. 20 Minuten bei 350 Grad (F) zubereiten ODER in einer riesigen Pfanne bei mittlerer Hitze braten, bis es gar ist. Top-Tipp: Versuchen Sie, Specköl anzubraten, falls Sie welches haben – es bietet eine weitere Geschmacksstufe. Durch Fricasseeing entsteht die brillante dunkle Farbschattierung, die auf den Fotos oben zu sehen ist.

4. Für die Parmigiana:

5. Legen Sie die gekochten Fleischbällchen in eine ofenfeste Schüssel.

6. Etwa 1 EL Soße über jedes Fleischbällchen geben.

7. Mit je etwa 60 Gramm Mozzarella-Cheddar bestreichen.

8. Bei 350 Grad (F) 20 Minuten lang zubereiten (40 Minuten, wenn die Fleischbällchen erstarrt sind) oder bis der Cheddar durchgewärmt ist und brillant ist.

9. Nach Belieben mit frischer Petersilie verzieren.

Putenbrust vom Blech mit goldenem Gemüse

Portionen: 4

Kochzeit: 45 Minuten

Zutaten:

2 Esslöffel ungesalzene Butter, bei Zimmertemperatur 1 mittelgroßer Eichelkürbis, entkernt und in dünne Scheiben geschnitten 2 große goldene Rüben, geschält und in dünne Scheiben geschnitten ½ mittelgroße gelbe Zwiebel, in dünne Scheiben geschnitten

½ Putenbrust ohne Knochen und mit Haut (1 bis 2 Pfund) 2 Esslöffel Honig

1 Teelöffel Salz

1 Teelöffel Kurkuma

¼ Teelöffel frisch gemahlener schwarzer Pfeffer

1 Tasse Hühnerbrühe oder Gemüsebrühe

Richtungen:

1. Heizen Sie den Ofen auf 400 °F vor. Fetten Sie das Backblech mit der Butter ein.

2. Ordnen Sie den Kürbis, die Rüben und die Zwiebeln in einer Schicht auf dem Backblech an. Legen Sie den Truthahn mit der Hautseite nach oben hinein. Mit dem Honig beträufeln.

Mit Salz, Kurkuma und Pfeffer würzen und die Brühe hinzufügen.

3. 35 bis 45 Minuten braten, bis der Truthahn mit einem sofort ablesbaren Thermometer in der Mitte eine Temperatur von 165 °F anzeigt. Herausnehmen und 5 Minuten ruhen lassen.

4. In Scheiben schneiden und servieren.

Nährwertangaben:Kalorien 383 Gesamtfett: 15 g Gesamtkohlenhydrate: 25 g Zucker: 13 g Ballaststoffe: 3 g Protein: 37 g Natrium: 748 mg

Grünes Kokos-Curry mit gekochtem Reis, Portionen: 8

Kochzeit: 20 Minuten

Zutaten:

2 EL Olivenöl

12 Unzen Tofu

2 mittelgroße Süßkartoffeln (in Würfel geschnitten)

Salz nach Geschmack

314 Unzen Kokosmilch

4 EL grüne Currypaste

3 Tassen Brokkoliröschen

Richtungen:

1. Entfernen Sie überschüssiges Wasser vom Tofu und braten Sie ihn auf mittlerer Flamme. Fügen Sie Salz hinzu und braten Sie es 12 Minuten lang.

2. Kokosmilch, grüne Currypaste und Süßkartoffel bei mittlerer Hitze kochen und 5 Minuten köcheln lassen.

3. Geben Sie nun Brokkoli und Tofu hinein und kochen Sie es fast 5 Minuten lang, bis sich die Farbe des Brokkolis ändert.

4. Servieren Sie dieses Kokosnuss-Grün-Curry mit einer Handvoll gekochtem Reis und vielen Rosinen darüber.

Nährwertangaben:Kalorien 170 Kohlenhydrate: 34 g Fett: 2 g Protein: 3 g

Süßkartoffel-Hühnersuppe mit Linsenportionen: 6

Kochzeit: 35 Minuten

Zutaten:

10 Selleriestangen

1 hausgemachtes Hähnchen oder Brathähnchen

2 mittelgroße Süßkartoffeln

5 Unzen französische Linsen

2 EL frischer Limettensaft

½ Kopf mundgerechte Eskariole

6 dünn geschnittene Knoblauchzehen

½ Tasse Dill (fein hacken)

1 EL koscheres Salz

2 EL Extra natives Öl

Richtungen:

1. Salz, Hühnerkadaver, Linsen und Süßkartoffeln in 8 Unzen Wasser geben und auf hoher Flamme kochen.

2. Kochen Sie diese Speisen etwa 10–12 Minuten lang und schöpfen Sie dabei den gesamten Schaum ab.

3. Knoblauch und Sellerie in Öl fast 10 Minuten kochen, bis sie weich sind

& hellbraun, dann zerkleinertes Brathähnchen dazugeben.

4. Geben Sie diese Mischung in die Eskariol-Suppe und rühren Sie sie 5 Minuten lang um

Minuten bei mittlerer Hitze.

5. Zitronensaft hinzufügen und Dill unterrühren. Heiße Suppe mit Salz servieren.

Nährwertangaben:Kalorien 310 Kohlenhydrate: 45 g Fett: 11 g Protein: 13 g

www.ingramcontent.com/pod-product-compliance
Lightning Source LLC
Chambersburg PA
CBHW050148130526
44591CB00033B/1200